Gerenciamento da qualidade em projetos

PUBLICAÇÕES
FGV Management

GERENCIAMENTO DE PROJETOS

Gerenciamento da qualidade em projetos

Alexandre Varanda Rocha
Frederico Steiner Costa
José Francisco Nogueira
Tânia Regina Belmiro

2ª EDIÇÃO

FGV EDITORA EDUCAÇÃO EXECUTIVA

Direitos desta edição reservados à
EDITORA FGV
Rua Jornalista Orlando Dantas, 37
22231-010 – Rio de Janeiro, RJ – Brasil
Tels.: 0800-021-7777 – 21-3799-4427
Fax: 21-3799-4430
editora@fgv.br – pedidoseditora@fgv.br
www.fgv.br/editora

Impresso no Brasil / *Printed in Brazil*

1ª edição – 2014; 2ª edição – 2018

Preparação de originais: Sandra Frank
Revisão: Aleidis de Beltran
Capa: aspecto:design
Editoração eletrônica: Abreu's System

Ficha catalográfica elaborada pela Biblioteca Mario Henrique Simonsen/FGV

Rocha, Alexandre Varanda
Gerenciamento da qualidade em projetos / Alexandre Varanda Rocha...[et al.]. – 2. ed. - Rio de Janeiro : FGV Editora, 2018.
148 p.

Em colaboração com Frederico Steiner Costa, José Francisco Nogueira, Tânia Regina Belmiro.
Área: Gerenciamento de projetos.
Publicações FGV Management.
Inclui bibliografia.
ISBN: 978-85-225-2103-6

1. Administração de projetos. 2. Controle de qualidade. 3. Gestão da qualidade total. I. Costa, Frederico Steiner. II. Nogueira, José Francisco. III. Belmiro, Tânia Regina. IV. FGV Management. V. Fundação Getulio Vargas. VI. Título.

CDD – 658.404

Aos nossos alunos e aos nossos colegas docentes,
que nos levam a pensar e repensar nossas práticas.

Sumário

Apresentação 9

Introdução 11

1 | Qualidade em projetos 15

Objetivos da qualidade em projetos 15

Referências da qualidade em projetos 16

Objetividade e subjetividade no gerenciamento da qualidade 19

Os processos de gerenciamento da qualidade do projeto 30

Melhoria contínua 33

Qual a coisa certa a fazer? 36

2 | A qualidade contemporânea 39

Controle estatístico da qualidade 39

Garantia da qualidade 41

Gestão estratégica da qualidade 42

Modelos de análise e melhoria de processos 46

3 | Planejar o gerenciamento da qualidade 57

Conceito e metodologia 57

Planejar o gerenciamento da qualidade: entradas 66

Planejar o gerenciamento da qualidade: ferramentas e técnicas 69

Planejar o gerenciamento da qualidade: saídas 70

Normas ISO no gerenciamento de projetos 71

4 | Gerenciar a qualidade 81
Conceito e aplicação 81
Conceito de garantia da qualidade 82
Gerenciar a qualidade: entradas 90
Gerenciar a qualidade: ferramentas e técnicas 99
Gerenciar a qualidade: saídas 102

5 | Realizar o controle da qualidade 107
Conceitos e aplicação 107
Controlar a qualidade: entradas 111
Controlar a qualidade: saídas 113
Controlar a qualidade: ferramentas e técnicas 114

Conclusões 127
Referências 131
Apêndices 135
A – Plano de gerenciamento da qualidade: etapas e modelos 135
B – Auditoria da qualidade: modelos sugeridos 143
Os autores 147

Apresentação

Este livro compõe as Publicações FGV Management, programa de educação continuada da Fundação Getulio Vargas (FGV).

A FGV é uma instituição de direito privado, com mais de meio século de existência, gerando conhecimento por meio da pesquisa, transmitindo informações e formando habilidades por meio da educação, prestando assistência técnica às organizações e contribuindo para um Brasil sustentável e competitivo no cenário internacional.

A estrutura acadêmica da FGV é composta por escolas e institutos, todos com a marca FGV, trabalhando com a mesma filosofia: gerar e disseminar o conhecimento pelo país. Dentro de suas áreas específicas de conhecimento, cada escola é responsável pela criação e elaboração dos cursos oferecidos pela FGV Educação Executiva, criada em 2003 com o objetivo de coordenar e gerenciar uma rede de distribuição única para os produtos e serviços educacionais da FGV.

Este livro representa mais um esforço da FGV em socializar seu aprendizado e suas conquistas. Foi escrito por professores da FGV, profissionais de reconhecida competência acadêmica e prática, o que torna possível atender às demandas do mercado, tendo como suporte sólida fundamentação teórica.

A FGV espera, com mais essa iniciativa, oferecer a estudantes, gestores, técnicos e a todos aqueles que têm internalizado o conceito de educação continuada, tão relevante na era do conhecimento na qual se vive, insumos que, agregados às suas práticas, possam contribuir para sua especialização, atualização e aperfeiçoamento.

Rubens Mario Alberto Wachholz
Diretor da FGV Educação Executiva

Sylvia Constant Vergara
Coordenadora das Publicações FGV Management

Introdução

A qualidade em projetos é semelhante à abordagem que se dá à qualidade nas empresas, porém é ainda mais essencial, porque todo projeto é um processo único e inédito. "Projeto é um esforço temporário empreendido para criar um produto, serviço ou resultado único" (PMI, 2017:757). Projetos dependem da qualidade em todas as suas áreas de conhecimento e seus respectivos processos, diferenciando-se de um empreendimento fabril, por exemplo, que tem características mais constantes e regulares.

Neste livro, você, leitor, terá a oportunidade de perceber como se faz o gerenciamento da qualidade de um projeto. Falar de qualidade em projetos é, na verdade, preocupar-se com a qualidade de todas as outras áreas de conhecimento das quais o projeto depende, assim como, obviamente, com a qualidade do seu produto final.

O livro está estruturado em cinco capítulos, sendo os dois capítulos iniciais dedicados a oferecer um embasamento teórico mais aprofundado do que normalmente se encontra nos guias de gerenciamento de projetos. Os demais abordam os três processos do gerenciamento da qualidade em projetos: o planejamento, a garantia e o controle.

No primeiro capítulo, apresentamos os objetivos e as premissas do gerenciamento da qualidade em projetos e também discutimos os aspectos da objetividade e da subjetividade que surgem ao longo do desenvolvimento de um projeto.

O segundo capítulo descreve o contexto histórico da gestão da qualidade, incluindo suas eras clássicas. Ao longo da apresentação dessas eras históricas, são descritos os conceitos, técnicas e metodologias que originaram a gestão da qualidade, todos muito importantes para a formação de um profissional de gerenciamento de projetos. Ao final deste capítulo, são apresentados os conceitos mais importantes da gestão da qualidade, todos envolvendo a melhoria contínua: o ciclo PDCA, *eenchmarking* e a trilogia Juran.

No terceiro capítulo, discorremos sobre o processo de *planejar o gerenciamento da qualidade* e sua extrema importância para todas as demais áreas de conhecimento. Apresentamos ainda as entradas, as ferramentas e técnicas, e as saídas do planejamento da qualidade, provendo condições para a elaboração de um plano da qualidade, sua aplicação e melhoria.

O quarto capítulo contempla o processo de *gerenciar a qualidade*, explorando detalhadamente o conceito de processo. As auditorias da qualidade também são descritas. Aproveite leitor, a abordagem deste capítulo para desenvolver uma visão ampla de seus mecanismos e de seus instrumentos de realização, como as auditorias de gestão do projeto, entre outras, com o objetivo de promover a melhoria contínua na gestão do projeto, além de acumular as lições aprendidas.

No quinto capítulo, examinamos o processo de *controlar a qualidade*. Este capítulo apresenta as importantes ferramentas da qualidade, muito utilizadas para a solução de problemas de processos e de produtos, promovendo a melhoria contínua no produto do projeto e o importante acúmulo das lições aprendidas, tão conhecidas no gerenciamento de projetos.

Por fim, nas conclusões, serão apresentados a você, leitor, novos pontos para reflexão e discussão no gerenciamento da qualidade em projetos, contemplando sua abrangência e sua importância no gerenciamento de um projeto como um todo.

Como apêndice, apresentamos um modelo que lhe será útil para a elaboração de um plano de gerenciamento da qualidade para um projeto.

Com isso, esperamos que você seja capaz de aplicar toda a área de conhecimento do gerenciamento da qualidade em um projeto, preparar-se para a obtenção de certificações profissionais consagradas, assim como entender, discutir e formular questões sobre o tema para o desenvolvimento de sua carreira profissional no contexto de um mundo de negócios e de empreendimentos cada vez mais baseado em gerenciamento de projetos.

Boa leitura e boas discussões!

1
Qualidade em projetos

Este capítulo tem por objetivos demonstrar a importância da aplicação da lógica da qualidade a todos os projetos e aos seus respectivos produtos, bem como evidenciar o que determina a qualidade de um projeto. Esses objetivos, na lógica de uma visão macro, pretendem subsidiar a compreensão mais adequada de todo este livro.

Ao término da leitura, esperamos que você, leitor, constate que há uma relação fundamental de interdependência agregadora entre as expressões "prática da qualidade" e "projeto bem desenvolvido".

Se, ao final da leitura, você tiver dificuldade em separar o que é qualidade em si de um projeto com qualidade, provavelmente nosso objetivo terá sido atingido.

Objetivos da qualidade em projetos

Embora a evolução do conceito de qualidade esteja relacionada diretamente à história do desenvolvimento humano e, portanto, tenha diferentes dimensões de observação, podemos definir inicialmente um importante objetivo da qualidade a partir da seguinte reflexão de Slack, Harrison e Johnston (1999:59): fazer certo as coisas.

Essa lógica serve de base para iniciar este capítulo porque Slack, Harrison e Johnston (1999) têm em mente, nesse caso, o papel da qualidade no contexto dos projetos de produção, tema que tem relação direta com a proposta deste livro. Além disso, a lógica de fazer certo está intrinsecamente relacionada a outras dimensões importantes de qualidade previstas no referencial internacional de conhecimentos sobre projetos – o Guia PMBOK, organizado e divulgado pelo Project Management Institute (PMI): satisfação do cliente, responsabilidade da gerência e melhoria contínua (PMI, 2017).

É difícil sustentar a ideia de que seja possível satisfazer os clientes no longo prazo, praticar um gerenciamento de projeto em alto nível e manter a lógica de melhoria contínua se não houver o compromisso organizacional de fazer certo as coisas. Esse compromisso já demonstra uma face da associação entre a gestão da qualidade e a gestão de projeto, que pretendemos reforçar neste capítulo.

Referências da qualidade em projetos

O gerenciamento da qualidade em projetos tem algumas características especiais, conforme podemos ver a seguir:

a) a abordagem proposta no Guia PMBOK (PMI, 2017) é compatível com a abordagem internacional da gestão da qualidade, com os sistemas de gestão da qualidade e com os demais sistemas de gestão, descritos e difundidos pela International Organization for Standardization (ISO). A sigla deveria ser IOS, mas definiu-se por ISO devido à proximidade da sigla com o termo "iso", do grego *isos*, que significa igualdade. A normatização, intrínseca à qualidade, supõe igualdade por meio de um nivelamento mínimo e adequado às expectativas explícitas e implícitas do cliente, definindo-se assim o padrão de qualidade a ser atingido;

b) o gerenciamento da qualidade do projeto deve abordar o gerenciamento do projeto e do produto do projeto;
c) a qualidade implica buscar um nível de produto que atenda as necessidades do cliente a ponto de torná-lo satisfeito, o que é exatamente o fundamento de projeto.

A abordagem (a) destaca a associação de dois modelos referenciais de gestão reconhecidos por autoridades competentes nacionais e internacionais: o Guia PMBOK, e as normas internacionais de qualidade, pautadas pela ISO.

A característica descrita no item (b) indica que o gerenciamento da qualidade, no contexto de projetos, deve ser feito em duas dimensões distintas, mas associadas: gerenciamento do projeto e gerenciamento do produto do projeto. Por exemplo, um gerente do projeto de uma nova fábrica de pás eólicas estará em plena prática do gerenciamento da qualidade (do projeto) quando estiver definindo os padrões que vão orientar as reuniões da equipe, para citar uma situação frequente. Esse mesmo gerente estará praticando o gerenciamento de qualidade do produto quando estiver focado na análise do padrão de fábrica que o cliente do projeto pretende receber. Duas diferentes dimensões de gerenciamento de qualidade, mas com um único foco: gerenciar o projeto de forma certa e entregar a coisa certa para o cliente.

O aspecto (c), sobre a satisfação do cliente, também é representativo para a proposta da qualidade. Essa abordagem supõe que a qualidade do projeto é o compromisso com a satisfação do cliente que, em última análise, é a melhor expressão sobre gerenciamento da qualidade em projetos.

Do conceito inicial proposto, de que qualidade é fazer certo as coisas, agora temos uma nova dimensão, que é atender o cliente com determinado nível de solução que promova, aumente ou mantenha a satisfação desse cliente. As lógicas dos dois conceitos são naturalmente coincidentes.

A qualidade, contida na expressão "fazer certo as coisas" (para o cliente), significa deixá-lo satisfeito com a forma de condução do projeto (gerenciamento) e com o produto do projeto. Nas próximas páginas, veremos como isso é possível.

Quando Slack, Harrison e Johnston (1999:414) afirmam que "qualidade é a consistente conformidade com as expectativas dos consumidores", eles reforçam que só é possível entender e praticar qualidade de forma adequada se o gestor, além de gerenciar os procedimentos do projeto, tiver uma constante preocupação em atingir as expectativas negociadas com os clientes.

Nesse ponto, estamos diante de um dos maiores dilemas gerenciais: gerenciar supõe procedimentos estruturados, baseados em aspectos objetivos. Por outro lado, essa estruturação enfrenta os interesses das pessoas envolvidas, que nem sempre são objetivos ou compatíveis com o processo gerencial.

Podemos confirmar isso com uma leitura atenta do Guia PMBOK (PMI, 2017). Esse guia deixa claro que seu conteúdo não se aplica, necessariamente, a todos os projetos. É um "como fazer" estruturado e didático que, pela diversidade de circunstâncias nas quais os projetos são negociados e produzidos, não deve ser visto como receita de bolo. Em outras palavras, esse guia define procedimentos, mas deixa claro o fato de que um projeto é, o tempo todo, passível de diferentes influências dos *stakeholders* (partes interessadas), ou seja, todos aqueles que impactam ou são impactados por uma organização e, mais especificamente, por pressão da cultura organizacional ou de poderes externos ao projeto, para citar apenas algumas dimensões.

Há, portanto, uma sequência procedimental lógica que dá uma conotação objetiva ao tema do gerenciamento em projetos, mas um projeto também é passível de inúmeras influências subjetivas, reflexo de situações inusitadas nem sempre previstas nos procedimentos.

Essa mistura de objetividade e subjetividade é mais uma importante similaridade entre as lógicas da gestão de projeto e da gestão da qualidade em projeto. Vejamos isso em mais detalhes na próxima seção.

Objetividade e subjetividade no gerenciamento da qualidade

Vimos que qualidade em projeto significa fazer certo as coisas e que uma importante consequência disso para a gestão da qualidade é realizar o levantamento das expectativas explícitas do cliente interno ou externo. Lembremos que sem expectativas explícitas não há métricas da qualidade diretamente relacionadas aos clientes, e sem elas não há como avaliar e monitorar a gestão da qualidade do projeto.

Por outro lado, uma das mais importantes questões contemporâneas da qualidade e do projeto é que não basta fazer certo as coisas. A sexta edição do PMBOK (PMI, 2017) realça que, além de fazer certo as coisas, o projeto precisa garantir, por meio de uma estratégia organizacional competente, que a organização também esteja direcionada para fazer as coisas certas. Enquanto o fazer certo as coisas pode ser organizado e controlado pelo processo, fazer a coisa certa depende de inúmeras outras questões, principalmente da forma como a organização pretende ser vista pela sociedade. Nesse contexto eminentemente estratégico, a questão das expectativas do cliente fica mais evidenciada. A realidade mundial nas últimas décadas mudou tanto que fica fácil entender o impacto que essas mudanças trariam ao gerenciamento de projeto, especialmente no equilíbrio entre a metodologia de construção de projeto (processo, portanto, objetivo) e o papel do gestor com relação à subjetividade que às vezes escapa ao método.

Uma das importantes agregações da sexta edição do PMI é a ênfase na questão do perfil do gerente de projetos. O *talent triangle*, ou triângulo de talento gerencial, é uma proposta do PMI para consolidar a importância das diferentes dimensões expostas anteriormente. O triângulo abrange a dimensão técnica da gestão do projeto, a dimensão da liderança e, por último, mas não menos importante, a dimensão estratégica e de negócios da gestão de projetos. Veja, a seguir a figura 1.

Figura 1
Talent triangle

Fonte: PMI (2017).

Podemos observar nesse caso a distribuição de três diferentes referências de habilidades esperadas no gerenciamento do projeto que se completam.

Na questão técnica (*technical project management*), o PMBOK destaca aspectos como gerenciamento de riscos, gerenciamento de escopo e ferramentas e técnicas ágeis (abordaremos essas técnicas ágeis no capítulo 2). A expectativa do cliente é, em geral, mais facilmente explicitada pela sua objetividade, como na questão dos prazos das entregas dos compromissos do gestor com o cliente.

Na dimensão da liderança (*leadership*), temos aspectos como gerenciamento de conflitos, desenvolvimento de equipes e a questão da inteligência emocional, além dos fatos típicos e frequentes na relação do gestor com o time de projeto e com os respectivos *stakeholders*. O PMBOK já tratava o tema em edições anteriores quando, por exemplo, lembrava que cada projeto é único, exigindo um olhar mais gerencial. Nessas questões comportamentais, as expectativas ficam frequentemente numa dimensão implícita.

Na questão estratégica (*strategic and business management*) são destacados aspectos como perspicácia em negócios, planejamento/ alinhamento estratégico e o gerenciamento da complexidade.

Isso envolve, sobretudo, pensar sobre um grande alvo organizacional futuro e abrangente socialmente falando. As necessidades dos clientes são consideravelmente implícitas, e evidenciá-las é uma tarefa fundamental, mas complexa.

Temos então mais uma coincidência lógica entre as pretensões de um projeto e as pretensões da qualidade.

Na medida em que as expectativas dos clientes são referenciais para a avaliação e validação da qualidade de um projeto e essas expectativas nem sempre são objetivas, temos um dilema gerencial que pode ser resumido na seguinte questão: como transformar intenções dos clientes em expectativas mensuráveis, especialmente considerando que a gestão da qualidade de um projeto pode estar diretamente relacionada ao desenvolvimento de um serviço, que é eminentemente intangível e altamente dependente da relação entre pessoas?

Vale destacar, inicialmente, que há uma estreita relação entre a gestão de um projeto e a prestação de um serviço, que pode ser observada, por exemplo, na prática corrente e crescente do escritório de projetos (*project management office* – PMO). O conceito de PMO é baseado especialmente em fornecimento de *output* (gerenciamento de projetos) dentro da própria organização, mas existem também muitas empresas autônomas com a missão principal de produção e gerenciamento de projetos, que é um serviço. Para facilitar o entendimento da diferença entre a objetividade das métricas na qualificação de um bem e a qualificação de um serviço, vale apresentar dois exemplos frequentes.

Exemplo de avaliação da qualidade de um bem: quanto maior for a produção de uma caneta esferográfica, maior será a oportunidade de testar os erros de produção desse bem. Assim, será possível estimar, por exemplo, o tempo de vida útil de cada componente da caneta, o que pode ajudar na definição de métricas sobre a estimativa de vida útil do produto. Significa dizer que quando o cliente procura uma caneta capaz de preencher X páginas ou durar Y tempo ou, ainda, suportar a exposição à temperatura máxima de Z, o fornecedor poderá dizer (e provar) se aquilo é possível ou não, em bases objetivas. No mesmo exemplo, quando um fornecedor diz que a característica da caneta X é ter um plástico transparente para facilitar a visualização do nível de tinta, essa afirmação pode ser comprovada facilmente pela observação prática.

Para serviços, o quadro é significativamente diferente.

Exemplo de avaliação da qualidade de um serviço: determinado atendimento médico (serviço) pode ser realizado de tal maneira que o cliente fique satisfeito (comprovação de qualidade). Nesse caso, na percepção do cliente, o médico foi solícito, demonstrou interesse, foi didático na explicação dos sintomas e outros aspectos frequentemente subjetivos, pois foram assim percebidos pelo cliente. Numa segunda consulta, o médico, agora com um computador para anotar todos os detalhes da consulta, não pôde olhar fixamente para o paciente. Nesse caso, o paciente poderá ter a percepção de menor qualidade por entender que o médico não lhe deu a atenção adequada. Subjetividade a toda prova. Observe que sugerimos um exemplo no qual o médico (fornecedor) agregou uma característica a seu produto (consulta) para melhorar a qualidade do serviço. As métricas não são facilmente detectáveis, tanto no que se refere aos aspectos positivos (o médico foi solícito) quanto aos aspectos negativos (o médico não deu a atenção adequada). E sem métricas não há como melhorar a produção da solução.

Parte da resposta a esse dilema aqui apresentado pode ser observada na clássica pesquisa sobre a qualidade em serviços, realizada por Zeithaml, Berry e Parasuraman (1985), que detectou uma relação direta entre a expectativa do cliente, antes da negociação, e a percepção de qualidade ao longo e após a entrega de um serviço. Esses pesquisadores observaram que a validação do processo de qualidade, especialmente quanto às métricas para comprovar a produção e entrega do produto esperado, está muito bem estruturada enquanto produção de bens. O problema para eles era definir e avaliar métricas de serviço, reconhecidamente um produto mais sofisticado quanto à avaliação pela maior carga de subjetividade comparativamente aos bens.

De forma resumida, a conclusão a que chegaram Zeithaml, Berry e Parasuraman (1985) na pesquisa sobre qualidade de serviços foi a de que quanto mais alinhado (aproximado) estiver o conjunto de expectativas do cliente com as expectativas do fornecedor antes do fornecimento do serviço, maiores serão as chances de o cliente ter uma percepção positiva no final do projeto. O senso comum criou uma expressão que pode ajudar a reforçar essa lógica: "o combinado não sai caro".

Como exemplo prático de intenção subjetiva *versus* expectativa explícita e objetiva, podemos pensar sobre um cliente de uma excursão ao pico do Everest. A menos que ele já tenha experiência nessa escalada, certamente seu nível de conhecimento sobre o que esperar dessa aventura (portanto, como qualificar o serviço) será menor do que o dos especialistas.

Muito do que ele espera são sentimentos pessoais de difícil tradução, por exemplo, provar a si próprio que é capaz de escalar aquele pico. O fornecedor deverá mostrar ao cliente, entre outras coisas, as inúmeras variáveis que poderão impedi-lo de completar tal empreendimento. Alinhar parâmetros explícitos, como estar apto em X meses a suportar a altitude de Y com Z batimentos cardíacos ou estar aclimatado em X semanas a altitude de Y metros poderá contribuir para uma percepção adequada do cliente acerca do serviço de uma escalada bem preparada, mesmo que essa escalada não tenha sido completada devido a uma avalanche ou a algo pessoal, como uma importante indisposição física.

Para consolidar, vejamos mais uma referência prática.

As expectativas de um cliente de projeto podem ser bastante objetivas e explícitas, por exemplo, a construção e disponibilização de uma maternidade no centro da cidade X e que tenha as características certificadas por padrão internacional.

Por outro lado, outro cliente poderá querer o projeto de uma maternidade que possa ser construída rapidamente e tenha uma aparência moderna.

O primeiro conjunto de expectativas é claro para um acordo documentado entre as partes, ou seja, o escopo. Existem padrões, isto é, expectativas explícitas disponíveis. O segundo conjunto de expectativas – a "construção rápida e ar de modernidade" – pode exigir uma boa conversa entre as partes porque ele não explicita muita coisa, além de intenções.

A conhecida frase "um produto bom, bonito e barato" pode ser significativa quando alguém pretende justificar uma boa compra de forma genérica. Para efeito de uma produção mais sofisticada, como é o caso de um projeto, a frase é simplória e sem fundamentação. A rigor, mesmo quando o cliente diz "quero um projeto de qualidade", pode estar sendo pouco claro.

Em síntese, tanto as necessidades claras, objetivas, quanto as intenções subjetivas dos clientes devem ser analisadas e niveladas em termos explícitos para fornecedor e cliente. Além disso, o acordo inicial entre ambos deve estabelecer quais necessidades e expectativas o fornecedor pode satisfazer. Isso tem implicações sobre negociação do escopo, pois:

- nem toda necessidade do cliente pode ser atendida;
- essa eventual impossibilidade, quando adequadamente negociada, não só tende a aumentar a confiança do cliente no processo quanto pode aumentar o nível de percepção de qualidade no final desse processo.

A constatação de Zeithaml, Berry e Parasuraman (1985) acerca do risco de insatisfação do cliente no final do projeto de um serviço, em função de diferenças de entendimentos sobre as expectativas, foi habilmente organizada em um modelo de análise organizacional conhecido como “modelo dos cinco *gaps*”.

De forma geral, esse modelo demonstra o caminho percorrido pela necessidade do cliente desde a primeira interação com o fornecedor até seu atendimento final, e indica eventuais momentos de falhas na comunicação que podem transformar significativamente o que o cliente recebe (entrega do projeto), se comparado com aquilo que era esperado no acordo inicial. Além disso, esse modelo consolida toda a ideia desenvolvida neste tópico e propõe uma forma estruturada de análise de intervalos ou diferenças de entendimento entre fornecedor e cliente ao longo de um projeto. Veja a figura 2.

Figura 2
Modelo dos cinco gaps

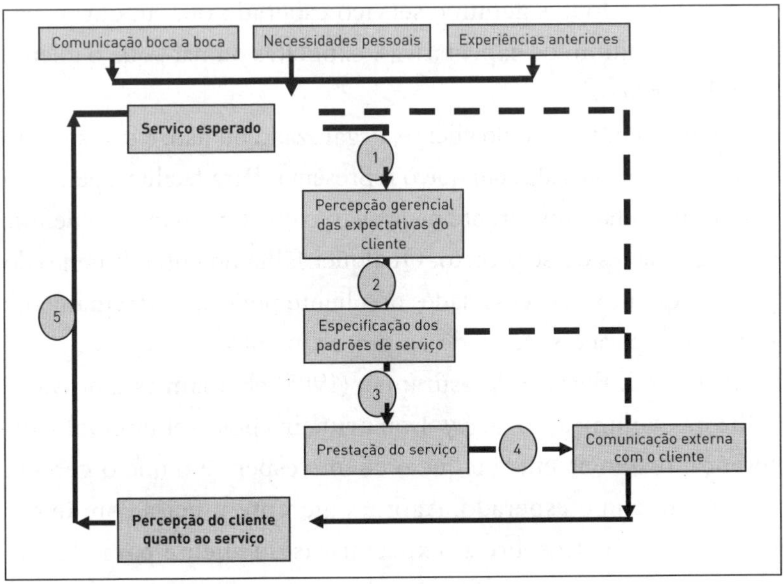

Fonte: adaptada de Zeithaml, Berry e Parasuraman (1985).

A figura 2 mostra, inicialmente, que um cliente geralmente forma seu conjunto de expectativas antes do acordo de um serviço a partir de uma ou mais variáveis, como a comunicação "boca a boca", as necessidades pessoais ou as experiências anteriores.

Por exemplo, alguém pode optar por uma consulta com determinado médico pelas seguintes razões:

- ouviu de alguém confiável: "Eu estava com o mesmo problema seu e fui ao médico X. Em duas semanas notei melhoras significativas" (processo promocional conhecido como boca a boca);
- tem um problema de saúde (solução disponível para uma necessidade pessoal);
- já foi atendido por aquele médico e gostou do atendimento (experiência anterior).

Essas três fontes geram o serviço esperado ou, em outras palavras, o conjunto de expectativas, explícitas ou não, que o cliente tem do serviço.

Esse entendimento do cliente, organizado ou não, é transmitido ao fornecedor ou a alguém que o representa. Para facilitar, pense no primeiro contato do gerente de projeto com alguém que vai definir as necessidades desse projeto. Qualquer falha no entendimento do gerente quanto às necessidades do cliente pode ser extremamente prejudicial para o sucesso do empreendimento.

Zeithaml, Berry e Parasuraman (1985) chamam essa provável falha na comunicação de *gap* 1 ou primeiro possível intervalo, diferença, distância entre o que o cliente espera e o que o gerente interpreta como esperado. Agora, o gerente precisa comunicar seu entendimento sobre as expectativas do cliente para alguém que irá montar as especificações do produto. Se o entendimento original já tem um *gap*, se algumas expectativas do cliente foram incompreendidas ou não percebidas, está claro que o grupo de especificação receberá informações incompletas, ou seja, novo *gap* (2). Em seguida, a especificação do serviço será informada ao responsável pela prestação do serviço que, em função dos *gaps* anteriores ou de um novo desencontro de informações, poderá produzir um novo *gap* (3). A prestação do serviço, agora com envolvimento total do cliente, poderá configurar (deixar claro para o cliente) novo *gap* (4). No final do processo, depois da formalização da entrega do serviço, pode haver um *gap* acumulado (5), que configura uma grande distância entre o esperado e o recebido. É importante notar aqui que se o "serviço esperado" não foi convertido (pelo gerente) em expectativas explícitas, o *gap* final acumulado (5) será muito maior.

A proposta do modelo dos cinco *gaps* não é uma formulação rígida de fases específicas com riscos de comunicação e válidas para qualquer organização. A ideia do modelo é reforçar a necessidade de alinhamentos constantes das expectativas do cliente e do fornecedor antes e durante o desenvolvimento do projeto para que, no final, não haja surpresas desagradáveis quanto à avaliação de qualidade.

O acompanhamento do projeto prevê essa atividade de maneira periódica e estruturada, por exemplo, por meio de verificação e controle do escopo. A experiência do gerente pode ser decisiva para, em função das circunstâncias e características de cada projeto, propor soluções específicas de garantia e controle da qualidade, reavaliando o planejamento realizado e, se necessário, reformulando também as demais áreas do conhecimento afetadas pelas necessidades de ajustes de modo a promover um constante alinhamento das expectativas dos clientes e demais *stakeholders*.

Por que essa lógica de qualidade de acompanhamento das expectativas nem sempre é feita?

Um dos segredos do gerenciamento da qualidade em projetos passa pela identificação de todas as necessidades dos clientes, explicitação de todas elas, seleção de quais podem ser atendidas e negociação e declaração das necessidades em métricas reconhecidas pelas partes interessadas.

A lógica dessa afirmação, de que todas as necessidades precisam ser reconhecidas e alinhadas, nem sempre coincide com a realidade das negociações, especialmente na fase inicial de um projeto. Podemos identificar algumas razões gerais para isso, mas certamente cada empreendimento tem uma análise específica em função de suas respectivas circunstâncias. Os principais motivos são:

- *pressão para ganhar tempo* – todas as oportunidades de imprimir velocidade às fases de um projeto são bem-vindas e esse comportamento pode ser inadequadamente interpretado. As etapas de um projeto que exigem atenção redobrada, como o entendimento completo das expectativas do cliente, podem ser negligenciadas. Aliás, o que uma gerência despreparada pode entender como ganho de tempo pode significar exatamente o contrário. Essa lógica vale para qualquer planejamento: o tempo gasto em um adequado planejamento reduz a perda de tempo com futura duplicidade de atividades, por exemplo;
- *falta de conhecimento do cliente sobre o serviço encomendado* – alguns serviços são facilmente definidos quanto às expectativas, como é o caso de um transporte de táxi. Poucas palavras entre o passageiro (cliente) e o motorista (fornecedor) desse serviço geralmente definem o que é minimamente esperado por ambos. São situações típicas de serviços rápidos e frequentes que, normalmente, não se configuram por meio de projetos. O mesmo não acontece com a negociação de um serviço mais sofisticado e de longo prazo de execução, como

um curso de graduação. Vale destacar a conhecida afirmação de Lovelock e Wright (2002:100) "Muitos serviços são de difícil avaliação pelos clientes". Além disso, o longo prazo tem outra implicação forte sobre as expectativas do cliente: elas mudam ao longo do tempo;

- *sensação gerencial de conhecer antecipadamente as necessidades do cliente* – traduzir prematuramente necessidades dos clientes aumenta o risco de desentendimento, especialmente em função do domínio que o gestor tem sobre o tema gerenciado, por mais paradoxal que isso possa parecer. Se somarmos essa sobrevalorização da experiência do gestor (quando traduzida em ouvir pouco o cliente e predefinir suas expectativas) à pressão por prazos e à ignorância do cliente sobre o assunto, a análise inicial sobre expectativas pode ser perigosamente subestimada.

Convém mencionar também a questão da necessidade de treinamento gerencial nas habilidades enfatizadas pelo *talent triangle*, analisado anteriormente.

Para consolidar a necessidade de equilíbrio entre a subjetividade e a objetividade na gestão da qualidade em projetos, apresentamos a seguir o quadro 1 com os principais aspectos da análise de Garvin (2002) sobre as abordagens de qualidade.

Em resumo, o gestor de um projeto com qualidade precisa priorizar a satisfação do cliente, objetivo máximo da gestão da qualidade, e isso começa pelo foco no entendimento e alinhamento das expectativas de ambos.

Agora, com a razão da gestão da qualidade do projeto explicitada, vamos buscar entender como ela está organizada em função da observação de décadas de prática condensadas no Guia PMBOK.

Quadro 1
As abordagens da qualidade de Garvin

Abordagem baseada em	Resumo da lógica estratégica	Preponderância
		Objetividade ou subjetividade
Transcendência	Qualidade é algo que ultrapassa uma explicação objetiva. É um referencial de excelência.	*Subjetiva* porque leva em conta a satisfação do cliente sem necessidade de uma explicitação racional.
Produto	Ênfase em determinados atributos explícitos de um produto.	*Objetiva* porque leva em conta aspectos que podem ser medidos.
Usuário	A qualidade visa à satisfação do usuário, ao atender seu propósito.	*Objetiva e subjetiva* porque depende do nível individual de explicitação do propósito.
Manufatura	Qualidade é a conformidade da produção com relação ao especificado.	*Objetiva* porque segue métricas claras para redução de erros na produção.
Valor	Qualidade e a valoração de uma solução com relação ao seu custo.	*Subjetiva* porque a relação custo/benefício pode ser circunstancial e individual.

Fonte: adaptado de Garvin (2002).

Os processos de gerenciamento da qualidade do projeto

O Guia PMBOK (PMI, 2017) detalha três processos de gerenciamento da qualidade em projetos que norteiam o que e como fazer para que o gestor e a equipe possam produzir e entregar o produto, conforme acordado, ao cliente:

- planejar o gerenciamento da qualidade;
- gerenciar a qualidade;
- controlar a qualidade.

Não são processos estanques. Interagem entre si e com os demais processos de um projeto. As informações a seguir não pretendem detalhar cada fase de um plano da qualidade, mas apresenta uma forma didática para mostrar o objetivo de cada uma delas com relação aos processos básicos de um projeto geral.

Comecemos pela fase de *planejar o gerenciamento da qualidade.* Nela ocorre a seleção e identificação dos padrões de qualidade que vão balizar o projeto e seu produto.

O processo de *gerenciar a qualidade* é equivalente ao processo de execução do gerenciamento de projetos, mas tem uma ênfase adicional: garantir que as atividades de qualidade estejam sendo empregadas exatamente como foram planejadas, a fim de atender os requisitos (métricas, padrões) discutidos e alinhados no escopo.

O processo *controlar a qualidade* está alinhado à proposta do processo de controle do projeto, ou seja, é momento de análise do que foi feito, como foi feito ou como deverá ser refeito em termos de qualidade. É importante notar que essa fase não é linear no projeto, ou seja, não ocorre apenas após os dois outros processos (planejamento e gerenciamento). Ela é feita sempre que uma atividade relacionada à qualidade é implantada, o que significa que o controle deve ocorrer durante todo o projeto.

Para facilitar o entendimento panorâmico sobre a interação de cada um dos três processos do gerenciamento da qualidade de projetos (planejamento, gerenciamento e controle) com as cinco etapas gerais de realização de um projeto, vejamos a figura 3.

Figura 3

Etapas gerais de um projeto

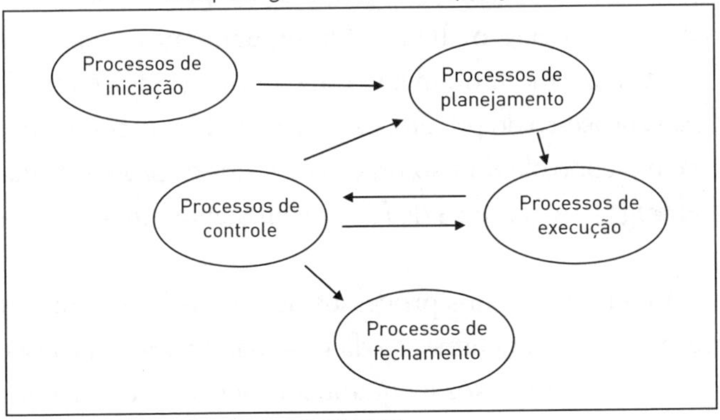

Fonte: adaptada do Guia PMBOK (PMI, 2017).

As setas da figura 3 representam as principais interseções entre os processos. Vejamos a caracterização básica de cada um deles:

- processos de iniciação, em que se destacam os acordos iniciais, incluindo definição do patrocinador, contrato de trabalho, gerência do projeto e equipe, análise das regras gerais do projeto, identificação do histórico organizacional sobre o tema e demais tópicos relevantes para o estabelecimento das condições de viabilização inicial do empreendimento;
- processos de planejamento, que, em última análise, descrevem, fundamentam e estruturam todas as ações, datas e responsabilidades do projeto;
- processos de execução, nos quais são feitas as entregas programadas. Caracterizam-se pelo uso das ferramentas e técnicas para promover mudanças necessárias, além do uso de métodos relevantes que concretizam a produção do projeto;
- processos de controle e monitoramento, que envolvem, basicamente, a análise dos resultados esperados e suas eventuais ações corretivas e preventivas;
- processos de fechamento ou encerramento, que, como o próprio nome sugere, reúnem os processos gerenciais que garantem/confirmam a conclusão do projeto ou do produto do projeto para o cliente. Assim, enquanto os processos de controles e monitoramento estão relacionados à efetividade de cada processo do projeto, os processos de encerramento envolvem o controle e a habilitação de todos os processos quanto à entrega para o cliente de forma consistente com todo o projeto.

Nessa visão macro dos processos de um projeto, vamos inserir os processos de gerenciamento da qualidade para indicar as associações entre os processos da qualidade e os do projeto, conforme quadro 2, a seguir:

Quadro 2
Associações entre os processos da qualidade e os processos do projeto

Etapas gerais do gerenciamento do projeto	Processos do gerenciamento da qualidade do projeto
Iniciação, análise e planejamento	Planejar o gerenciamento da qualidade
Execução	Gerenciar a qualidade
Controle	Controlar a qualidade
Encerramento	Todos os processos

Fonte: adaptado de Guia PMBOK (PMI, 2017).

O quadro 2 mostra a correlação entre todas as etapas do gerenciamento de projeto (coluna da esquerda) e os processos específicos de gerenciamento da qualidade (coluna da direita). Esses processos descrevem o desenvolvimento mais detalhado do planejamento e sua preparação. Assim, a seleção e identificação dos padrões de qualidade, por exemplo, estão incluídas no processo de planejamento.

Agora que apresentamos as interseções entre os processos de um plano da qualidade e as fases/processos básicos de um projeto, precisamos retomar uma característica intrínseca à qualidade e a projetos, que é a lógica de melhorar sempre: a melhoria contínua e o aprendizado por meio das lições aprendidas.

Melhoria contínua

A expressão melhoria contínua, que já foi apresentada neste primeiro capítulo, é uma das importantes similaridades entre qualidade e projeto, mas a relação dessa expressão com a qualidade do projeto é tão fundamental que o tema precisa ser consolidado em tópico próprio.

As razões para uma melhoria contínua são facilmente reconhecidas, mesmo pelos leigos em gestão organizacional. Nosso dia a dia está cheio de referências práticas. Por exemplo, as publicações especializadas em saúde orientam enfaticamente para a manutenção dos procedimentos no controle da obesidade. Qualquer variação significativa nesse controle pode significar a perda de todo o esforço de meses ou de anos. Isso é similar em todo trabalho desenvolvido no tratamento da dependência química ou no esforço de desenvolvimento de uma comunidade, para citar apenas alguns exemplos.

Em gestão da qualidade não é diferente. Os esforços de anos para atingir o credenciamento em determinado padrão de qualidade, por exemplo, podem ser pulverizados com a redução da atenção organizacional ao tema. E as consequências podem ser fortemente negativas para o futuro da qualidade nesse ambiente organizacional do exemplo, pois a resistência à lógica de qualidade aumenta consideravelmente.

Nesse mesmo sentido, o gerenciamento de projetos também depende da lógica da melhoria contínua, e isso pode ser observado em inúmeros processos do Guia PMBOK (PMI, 2017). Por exemplo, quando o guia define a razão para apoiar o termo de abertura do projeto em um conjunto de "ativos de processos organizacionais", a ideia é aproveitar o histórico organizacional e as lições aprendidas. O sucesso de um projeto pode ser influenciado pelo conhecimento obtido em projetos anteriores (ativo). O que foi aprendido precisa ser, no mínimo, mantido. Além disso, para que um projeto presente possa ser um bom ativo para um projeto futuro, terá de adicionar algo aos anteriores. Essa lógica pode ser denominada melhoria contínua.

A melhoria contínua tem ainda outra fundamentação. Com as mudanças econômicas, sociais e tecnológicas ocorrendo diariamente e num contexto global, o cliente também retifica sua expectativa. Portanto, o gerente do projeto deve promover continuamente melhorias da gestão e do produto do projeto para atender às expectativas do cliente, em constante mudança. Wadlow (2000), um especialista em segurança da informação, fez a analogia apresentada a seguir, mostrando que convém usar projetos para promover e sustentar a ideia e a prática da melhoria contínua nos empreendimentos:

> De muitas maneiras, o trabalho do mercado de segurança na internet é semelhante a tentar subir uma escada rolante infinita que desce. Você poderá correr algum degrau acima e então parar para recuperar o fôlego; após descansar, descobrirá que a escada rolante o levou para baixo até o mesmo ou além do ponto de início. Para se manter no mesmo nível, será preciso realizar projetos, isto é, esforços contínuos e temporários [Wadlow, 2000:4].

A analogia ajuda a entender que, para se manter no mesmo nível (na escada rolante), será preciso um esforço contínuo. Imagine então o que é necessário para melhorar o nível.

No caso da qualidade, devemos a Shewhart e a Deming a proposta de um modelo que estrutura os procedimentos para que a melhoria contínua possa ser acompanhada tanto na dimensão de processos específicos quanto na dimensão de projetos organizacionais. Walter Shewhart foi um pioneiro nos estudos sobre a qualidade, deu especial atenção ao controle estatístico de qualidade e organizou a primeira lógica do PDCA. Seu aluno, Edward Deming, teve o mérito de ser o grande divulgador do modelo. Esse modelo conhecido como PDCA é um padrão internacional de qualidade e de melhoria contínua. Convém destacar que a melhoria resultante da implantação dessa lógica não se reflete apenas nos processos.

Melhoria contínua significa crescimento das habilidades, competências e relacionamento humano dos envolvidos. Não faz sentido pensar em melhoria contínua dos procedimentos se as pessoas envolvidas no projeto estão estacionadas em sua perspectiva de crescimento individual. Significa dizer que fazer certo as coisas não se refere apenas ao acompanhamento e garantia de execução correta das ações de um projeto e à melhoria contínua desse acompanhamento. Precisa significar também uma melhoria na participação do integrante do projeto, não só no contexto profissional (com relação à sua organização) como também no contexto social, ampliando seu papel como profissional/cidadão.

O próximo capítulo destaca modelos e técnicas que estruturam uma prática de qualidade ampla, que vai além do procedimento, e nele veremos em detalhes a lógica da gestão da qualidade total (GQT).

Qual a coisa certa a fazer?

Vimos que uma importante coisa certa a fazer para qualidade em projetos é atender as expectativas explícitas do cliente interno e/ou externo, mas tais expectativas podem ser inadequadamente definidas. Além disso, as expectativas de clientes podem ser incompletas quanto ao papel do produto do projeto, quanto à contribuição desse produto na qualidade de vida dos consumidores ou na qualidade do ambiente, para citar apenas algumas das grandes preocupações contemporâneas. Esses dilemas não são novos para a gestão da qualidade, mas estão ficando significativamente evidenciados com as recentes comprovações do uso exagerado de recursos naturais não renováveis, por exemplo.

Há um razoável alinhamento entre os pesquisadores quanto ao que se espera de um gestor de uma organização contemporânea: eficiência e eficácia. Competência para fazer as coisas de forma certa e de escolher os objetivos certos ou "fazer as coisas certas".

> Um administrador que seleciona um objetivo inadequado, digamos, produzindo carros grandes quando cresce a demanda por carros pequenos, é um administrador ineficaz, mesmo que os carros

grandes sejam produzidos com o máximo de eficiência. Nenhuma quantidade de eficiência pode substituir a falta de eficácia [Stoner e Freeman, 1999:5].

Esses autores dão ênfase ao aspecto ético da realidade contemporânea. A demanda que parte de uma sociedade democraticamente desenvolvida deve ser um importante referencial para o estabelecimento do objetivo de uma estratégia organizacional. Vale lembrar que Freeman é o autor da proposta do conceito de *stakeholders* ou partes interessadas.

Neste capítulo, foi explicitado que gerenciar um projeto com qualidade é executar e acompanhar corretamente os processos referenciados no Guia PMBOK, nas normas ISO ou em outras referências adotadas estrategicamente, visando à maior satisfação possível das expectativas do cliente. Além disso, esse gerenciamento deve ser o mais adequado pela ótica da responsabilidade socioambiental e das necessidades e requisitos determinados pelos *stakeholders*.

Portanto, para o gerenciamento da qualidade de um projeto, o fazer certo as coisas também está associado à decisão de fazer as coisas certas que valham a pena para todas as partes interessadas. A ênfase da sexta edição do PMBOK na tríplice associação entre o fazer certo as coisas técnicas (predominantemente operacionais e de procedimentos), as atividades de liderança (majoritariamente táticas, envolvendo toda a organização) e as coisas estratégicas (majoritariamente de responsabilidade e que transcendem a própria organização) reforça essa perspectiva da qualidade e de projeto de fazer certo as coisas e fazer as coisas certas.

O capítulo a seguir tem como objetivo apresentar a fundamentação do conceito contemporâneo de qualidade e alguns dos principais modelos de análise e diagnóstico do gerenciamento da qualidade.

2
A qualidade contemporânea

Este capítulo tem o objetivo de apresentar a fundamentação do conceito contemporâneo de qualidade e alguns dos principais modelos de análise e diagnóstico de seu gerenciamento. A estrutura básica do capítulo é definida a partir da abordagem dos principais conceitos da qualidade e das metodologias gerenciais mais utilizadas na aplicação desses conceitos. Assim, esperamos que, ao final da leitura, você, leitor, tenha as principais informações para compreender a teoria e a prática da qualidade, associando-as mais adequadamente ao gerenciamento contemporâneo de qualidade em projetos.

Controle estatístico da qualidade

Como referência para analisar a formação do conceito contemporâneo de qualidade, utilizamos a proposta de David Garvin (2002). Para esse autor, após a Revolução Industrial a realidade organizacional moldou a lógica de qualidade em quatro momentos ou fases históricas importantes:

- inspeção;
- controle estatístico da qualidade;
- garantia da qualidade;
- gestão estratégica da qualidade.

De acordo com Garvin (2002), a primeira fase da formação do conceito da qualidade foi a da inspeção, que ocorreu por volta do ano de 1900, no auge da Revolução Industrial. Foi o primeiro movimento organizacional estruturado de organização do processo de produção cientificamente analisado e acompanhado, mesmo que ainda sem o uso do termo qualidade.

A segunda fase da qualidade foi o controle estatístico da qualidade. Esse evento foi relatado em 1922, quando foi publicado o livro *The control of quality in manufacturing*, de George Stanley Radford. Nele, há a primeira menção do termo qualidade como área de responsabilidade gerencial, além de destaques para contagens, reparos, antecipação de algum controle antes de o componente ou matéria-prima chegar à linha de produção, mas sempre com ênfase na inspeção total. A solução de problemas, por exemplo, ainda estava fora do escopo da qualidade.

Shewhart (1931) formula os primeiros princípios do controle da qualidade. Algumas ideias importantes para o conceito da qualidade em formação surgem nesse trabalho, como a questão do controle de processo, conceito rico para o gestor de projeto; a técnica por amostragem; e a ênfase de que o recém-criado conceito (qualidade) é uma função da gestão. Há um avanço entre a primeira era da qualidade (inspeção), de caráter restrito à verificação das atividades da produção, e a lógica de controle pelas áreas de produção e controle da qualidade.

É importante destacar que o desenvolvimento da qualidade nos Estados Unidos não é um movimento exclusivo das organizações fabris. Ela está presente na academia e nas associações correlacionadas. Como exemplo, Shewhart é convidado, em 1933, a participar da American Society for Testing and Materials (ASTM), sociedade americana para testes e materiais, que já existia desde 1898.

Garantia da qualidade

A terceira era da qualidade é da garantia da qualidade. Durante a II Guerra Mundial, o esforço de produção de material bélico pelos norte-americanos, aliado à necessidade básica de segurança do material, gerou inúmeras experiências positivas para a melhoria dos processos de qualidade, que foram refletidas nas normas de controle estatístico da qualidade da American War Standard. Uma eventual falha na produção de uma cadeira, por exemplo, seria menos trágica, do ponto de vista da qualidade, do que a falha de um canhão, que poderia matar vários dos próprios atiradores.

Na década de 1940, o tema e a prática da qualidade já estavam mais consolidados e surgem associações de profissionais da área, como a Associação Americana para o Controle da Qualidade (ASQC), em 1946, e a União Japonesa de Cientistas e Engenheiros (Juse), em 1948.

Nessa fase, a qualidade já não é mais pensada apenas no âmbito da linha de produção. Agora a organização produtora, e não apenas a produção, está submetida à lógica da garantia da qualidade.

O papel do Japão é fundamental para a qualidade, e isso fica patente em todo o mundo. Quando Deming (em 1950) vai ao Japão apresentar os fundamentos de qualidade, o processo é enriquecido. Ele leva sua experiência baseada no controle da qualidade com o uso da estatística e recebe dos japoneses, além da gratidão pelos ensinamentos, um grande reforço nos fundamentos para incorporação do trabalhador e da alta gerência na gestão da qualidade. Além disso, a importância do cliente é outra grande contribuição japonesa para a qualidade.

Rocha e Christensen (1995:33-35) identificam na cultura japonesa um fator fundamental que pode facilitar esse entendimento: para o nipônico, o cliente é uma figura fundamental de verdade, pois "o comerciante, pertencente a uma classe inferior [...], pode apenas expressar, junto a seus clientes [...] seu profundo agradecimento pela honra de servi-los". Vale acrescentar que a situação japonesa no pós-II Guerra, de ter muitos inimigos ocidentais em função de sua posição no conflito mundial, reforçava a ideia de superar em qualidade qualquer produto já existente. Só fariam sucesso internacional com seus produtos se estes fossem os melhores disponíveis para os clientes.

Quatro anos depois da visita de Deming, outro importante estudioso da qualidade visita o Japão: J. M. Juran. Ele ajuda a consolidar a ideia de qualidade muito além da produção – passa a ser ampla, ultrapassando as fronteiras organizacionais. O momento seguinte é apenas consequência disso tudo.

Gestão estratégica da qualidade

A quarta fase proposta por Garvin (2002) é a gestão estratégica da qualidade, forjada principalmente nas décadas de 1950-70.

Nessa fase, a qualidade tem dois polos principais de discussão, criação e desenvolvimento conceitual e prático: Japão e Estados Unidos.

Nos Estados Unidos, Armand Feigenbaum (2004) foi o primeiro a propor um conceito mais completo para representar um evidente aumento de abrangência que o novo momento histórico exigia: o *total quality control* (TQC), ou controle da qualidade total, em livro com o mesmo nome.

Feigenbaum entendia que todas as áreas de uma organização precisam estar orientadas para os resultados de qualidade e para a lógica da melhoria como referência soberana, visando à redução de custos e à satisfação do cliente:

> Um sistema eficaz para integrar esforços de desenvolvimento, manutenção e melhoria da qualidade dos vários grupos de uma

organização, permitindo levar a produção e o serviço aos níveis mais econômicos da operação e que atendam plenamente à satisfação do consumidor [Feigenbaum apud Slack, Harrison e Johnston, 1999:503].

No Japão, os legados de Deming e de Juran, aliados às particularidades da cultura japonesa, frutificam em uma preocupação maior e preventiva com os processos e pessoas envolvidos com a qualidade. Desse desenvolvimento surge, por exemplo, a ideia do círculo de controle de qualidade (CCQ), no princípio dos anos 1960. Resumidamente, são grupos de funcionários que, voluntariamente, se organizam para pensar e propor controles de qualidade que consolidem melhorias no ambiente de trabalho, no produto, na satisfação do cliente ou do ambiente externo, por exemplo. Fica evidente que a célula básica da qualidade para o Japão é o funcionário, enquanto para a maior parte dos autores dos Estados Unidos, como Feigenbaum, a célula básica da qualidade é a área funcional.

Estudiosos como Peter Drucker (1964) e Igor Ansoff (1965) avançaram, paralelamente, com a ideia de ajustar antigas práticas militares de estratégia ao meio gerencial.

Na década de 1980 temos uma consolidação dos incrementos das três décadas anteriores à lógica da qualidade, que culmina com a proposta de uma gestão da qualidade total (GQT), do inglês *total quality management* (TQM).

Sobre a conceituação de GQT, vale observar a opinião de Richard Williams:

> GQT é um processo, uma técnica, um estilo gerencial, uma meta, uma ferramenta e, sobretudo, um estilo de liderança criadora de uma cultura organizacional que ajuda a alcançar a meta que é criar produtos [...] da mais alta qualidade possível [Williams, 1995:2].

A amplitude do conceito de GQT é tal que, por vezes, o entendimento dos vários conceitos a ele atribuídos pode ficar prejudicado. Por isso, vale a pena ter em mente alguns referenciais fundamentais. Falamos de um conceito mais completo de qualidade, que envolve uma nova forma de pensar a relação interorganizacional e da organização com seus parceiros, apoiado por uma decisão estratégica e, sobretudo, de caráter permanente, ou seja, transcende a ideia da relação da organização de qualidade com seus clientes, enfatizada na lógica de excelência de qualidade original.

A instituição de prêmios nacionais tem contribuído de forma decisiva para o fortalecimento dos conceitos e práticas da qualidade em todo o mundo, como o prêmio Deming, do Japão, e o Malcolm Baldrige, dos Estados Unidos. Esses dois modelos contribuíram para a inspiração do Prêmio Nacional de Qualidade brasileiro (PNQ), promovido pela Fundação Nacional da Qualidade (FNQ), em vigência desde 1991. O PNQ tem por base um modelo de excelência com oito critérios que estabelecem a base de toda a avaliação:

- liderança;
- estratégias e planos;
- clientes;
- sociedade;
- informações e conhecimento;
- pessoas;
- processos;
- resultados.

Aqui cabe analisar outro conceito importante e contributivo para a lógica da GQT: os *stakeholders*. Veja o que dizem James Stoner e Edward Freeman:

> Os estilos de vida dos consumidores, a demografia dos empregados e os regulamentos governamentais também estão em mudança

> [...]. Antigamente, para as organizações, bastava maximizar os lucros; os administradores eram julgados pelo modo como realizavam os interesses dos acionistas. Agora as organizações devem se responsabilizar não apenas pelos acionistas, mas também pela comunidade maior e mais variada dos *stakeholders* – grupos ou indivíduos que são afetados direta ou indiretamente pela busca dos objetivos por parte de uma organização [Stoner e Freeman, 1999:46].

A criação do conceito de *stakeholder*, creditada a R. Edward Freeman, data da primeira metade da década de 1980. A lógica da qualidade transcende a cultura organizacional e seus clientes e incorpora o conceito de uma cultura da qualidade que envolve toda a relação da organização com seus *stakeholders*, isto é, partes interessadas, públicos intervenientes, embora uma boa definição seja "alguém que tem algo 'em jogo'" (*at stake*) em relação à organização. Essa pode ser outra forma de conceituar GQT.

De fato, GQT vai além de uma expressão ou conceito que congrega a experiência e os avanços apresentados. GQT pode ser uma referência clara de estratégia de melhoria contínua de cadeias produtivas e de suas relações com toda a sociedade.

É importante observar que há uma estreita correlação da GQT com a gestão organizacional e pessoal proposta pelo modelo *kaizen*.

A reflexão de Masaaki Imai (1999), autor influente na análise da melhoria contínua sobre *kaizen*, pode nos dar uma dimensão mais conclusiva sobre a questão da melhoria contínua e sua relação com a amplitude do conceito contemporâneo de qualidade. Isso significa melhoramento na vida pessoal, vida doméstica, vida social e na vida de trabalho. Quando aplicado ao local de trabalho, o termo *kaizen* significa melhoramentos contínuos envolvendo todo mundo – administradores e trabalhadores igualmente (Imai apud Slack, Harrison, Johnston, 1999:460).

Alguns modelos técnicos e de processos de gestão estão relacionados a essa lógica moderna de administração, de forma que serão resumidos e orientados para o objetivo gerencial da qualidade em projeto, a seguir.

Modelos de análise e melhoria de processos

O primeiro deles, por estar diretamente relacionado à lógica da gestão da qualidade total que acabamos de apresentar, é o Seis Sigma.

Seu objetivo é a redução de defeitos dos processos de negócio. O método de análise está baseado na identificação da variação estatística dos processos. A Associação Six Sigma US, certificadora e referência internacional para o tema, sugere um modelo didático sobre o processo: DMAIC, conforme ilustrado na figura 4.

Figura 4
DMAIC

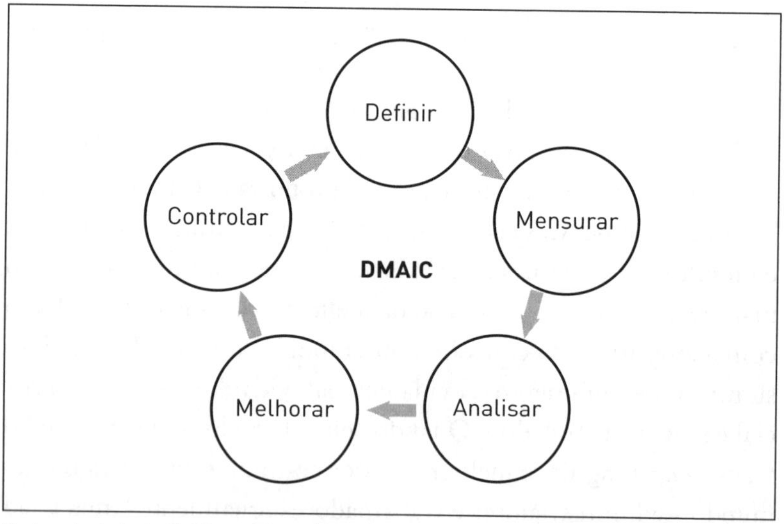

Fonte: adaptada de Six Sigma. Disponível em: <www.6sigma.us/six-sigma.pha>.

Detalhando a figura 4, temos:

- D – definir (*define*), para estabelecer a necessidade inicial de definir uma variável importante (problema/erro) que se queira avaliar;
- M – mensurar, medir (*measure*), para, estatisticamente, identificar o grau de variação do item analisado (erro);
- A – analisar (*analyse*), para observar analiticamente a razão ou causa do erro;
- I – melhorar (*improve*), para buscar soluções para a causa detectada (com frequência por meio de testes e simulações);
- C – controlar (*control*), que, em linha com o conceito similar em projeto, supõe estabelecer formas de garantir o sucesso contínuo pelo acompanhamento rigoroso dos resultados da solução.

Enquanto a GQT supõe uma cultura de qualidade entre a organização e seus *stakeholders*, o Seis Sigma pode garantir que os processos para isso sejam continuamente ajustados para menores variações. O primeiro atinge uma dimensão holística, portanto geral, como soma de todas as partes, enquanto o segundo tem uma dimensão mais orientada para procedimentos. Ambos se completam na melhoria contínua.

De forma resumida, é possível dizer que um projeto pode também existir para solucionar um problema de um processo que, para a qualidade, significa a diferença entre um desempenho atual e um desempenho futuro mais adequado e alcançado de forma mais eficiente e eficaz. Por exemplo, consideremos de forma panorâmica o seguinte problema organizacional, apresentado na figura 5.

Figura 5
Apresentação de problema organizacional

Determinada organização precisa aumentar sua infraestrutura produtiva, pois seu volume de vendas não está sendo atendido suficientemente. Uma *proposta de projeto* é feita para aprovação do ápice estratégico.

→ Projeto aprovado, time formado, tem início a identificação e análise dos *limites atuais* de infraestrutura produtiva e suas consequências quanto aos custos, prazos e satisfação dos clientes, entre outros.

→ Identificação e análise dos padrões e especificações do projeto e do produto do projeto (fábrica, neste exemplo), prazos de implantação, retorno sobre o investimento, confirmação de redução de custos quando a *solução for implantada*.

→ Documentação com todos os planos de ação contendo metas e métodos para alcance da solução planejada, prazos, responsáveis, custos, riscos. Padrões ou referências de qualidade, e assim por diante.

Shewhart (1931) vai além desse início de análise e plano de ação exemplificado e sugere uma sequência geral de atividades, desde a identificação de um problema organizacional até sua solução. Ele também tem em mente a ideia de estruturação da melhoria contínua. A qualidade é encaixada nessa lógica.

Esse modelo, conhecido como PDCA, foi amplamente difundido por Deming e, atualmente, faz parte do conjunto de padrões internacionais de qualidade.

O acrônimo PDCA define que um projeto (ou processo) deve ter, pelo menos, quatro momentos importantes, conforme proposta de uso corrente na administração do Brasil, orientada para um entendimento mais efetivo do modelo:

- P – planejar (*plan*), que envolve a seleção de metas para alcançar a solução esperada, a definição de métodos para atingir tais metas de forma estruturada, acordos e a formalização registrada de todas as ações que o projeto/processo supõe;

- D – executar o projeto (*do*), ou seja, é a fase de pôr a mão na massa a partir do planejado na fase inicial do projeto;
- C – verificar (*check*), no sentido de acompanhar e controlar todas as ações registradas;
- A – agir, adaptar ou padronizar (*act*), no sentido de padronizar o que foi feito, se as causas geradoras do projeto/processo tiverem sido definitivamente eliminadas, ou corrigir se isso não aconteceu. Essa fase pode ser o fim de uma sequência de resolução de problema e o início de novo projeto/processo, em linha com a lógica da melhoria contínua.

A figura 6 mostra as etapas do PDCA. Se você, leitor, fizer uma correspondência com a figura 5, poderá perceber que aquele detalhamento para a definição do problema (identificação do *gap*) é parte da fase de planejamento do modelo PDCA.

Figura 6
Sequência prática do PDCA

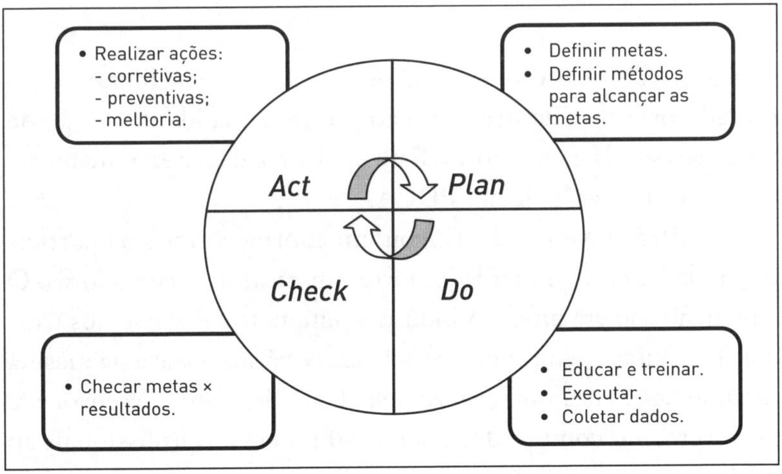

Fonte: PMI. Capítulo São Paulo. Disponível em: <www.pmisp.org.br>. Acesso em: 8 nov. 2013.

Podemos aplicar o ciclo PDCA em diferentes momentos de um projeto ou processo. Significa dizer que o PDCA pode ser um mapa referencial para todos os projetos estratégicos ou um modelo de solução de um problema localizado. Tanto pode ajudar na estruturação de um longo e sofisticado projeto para toda a organização quanto na montagem de um projeto pontual para atender um cliente específico ou, ainda, ser usado em uma atividade de melhoria rotineira. Em uma organização que aplica a lógica da qualidade total (GQT), o uso do PDCA é frequente e simultâneo. É importante alertar o leitor para o fato de que, embora a qualidade possua modelos como o PDCA, não há nenhum modelo ou ferramenta de qualidade com uma função completa, por exemplo, identificar um problema, resolvê-lo e controlar a solução. Pelo contrário, cada um tem um papel específico e, mesmo no caso do PDCA, outros modelos e ferramentas são necessários, como veremos mais adiante.

Benchmarking

O objetivo da aplicação desse modelo de análise é melhorar determinado processo da organização por meio da identificação de processos similares melhores. Esse modelo pode ser extremamente útil para a iniciação de um PDCA.

Em 1973, a Xerox identificou um enorme avanço na participação da Canon no mercado norte-americano de copiadoras. O fenômeno não era único. A indústria automotiva dos Estados Unidos, para citar apenas um exemplo entre vários, estava na mesma situação ou se encaminhava para ela. Uma alternativa desenvolvida pela Xerox no começo dos anos 1980 foi enviar profissionais ao Japão para que conhecessem as melhores práticas organizacionais de qualidade que permitiam tais avanços competitivos dos produtos japoneses.

A divisão europeia da Xerox ampliou a pesquisa sobre esse processo e estruturou um modelo, batizando-o com o nome *benchmarking*.

O senso comum tende a considerar equivocadamente esse modelo como espionagem industrial, engenharia reversa ou concorrência desleal. Mas isso não faz sentido, porque uma das alternativas de busca de um referencial de excelência (*benchmark*) pode ser dentro da própria organização. Além disso, muitas organizações estabelecem parcerias duradouras com outras organizações para uma "competição" de melhoria. Por exemplo, uma empresa de uma associação de *benchmarking* pode perder sua posição de liderança no processo de logística para outro participante porque seus parâmetros, aprovados pelo grupo e auditados externamente, foram superados. No processo de definição da nova liderança, a organização superada é atualizada quanto ao avanço que a outra organização fez para superá-la e pode implantar tal avanço em seguida. Significa dizer que não há perdedores e, além disso, os maiores vencedores são os clientes dessas empresas.

Uma empresa de um segmento totalmente diferente pode considerar *benchmark* outra empresa que possua algum processo exemplar. Por exemplo, durante muitos anos, o Serviço Natura de Atendimento ao Cliente (Snac) era visitado por empresas de diversos setores, interessadas em conhecer o funcionamento daquele *call center* e, assim, tentar copiar as melhores práticas dentro de sua própria organização para atingir um grau semelhante de excelência nessa área.

A lógica resumida do processo de *benchmarking* é simples:

- identificação das carências, com parâmetros explícitos adequadamente especificados de processos internos e priorização deles;
- pesquisa do processo selecionado sobre as melhores referências, sejam estas internas ou externas, sejam regionais, nacionais ou até internacionais, dependendo do caso;
- projeto de implantação.

Vale observar que os dois primeiros tópicos estão retratados na primeira fase do PDCA (identificação dos parâmetros atuais e dos parâmetros desejados). Além disso, o terceiro item é exatamente a proposta completa do PDCA. Em outras palavras, PDCA e *benchmarking* podem ser complementares na lógica da melhoria contínua.

Trilogia Juran

A chamada trilogia Juran, formada pelos processos gerenciais de planejamento, controle e melhoria, está bastante alinhada com o que vimos até aqui, daí ter sido selecionada para este tópico do capítulo 2.

O primeiro passo da trilogia é o planejamento. Para Juran (1993), planejamento envolve cinco etapas:

- identificar clientes;
- determinar as necessidades dos clientes;
- definir as características dos produtos que correspondem às necessidades dos clientes;
- elaborar processos capazes de reproduzir essas características;
- capacitar os colaboradores para a implantação do plano.

O segundo componente da trilogia é o controle. Segundo o autor, o controle envolve objetivamente:

- avaliar o desempenho;
- comparar o desempenho obtido com as metas;
- atuar a partir das diferenças.

A lista de Juran alerta para algo que soa óbvio: um planejamento precisa ser controlado quanto ao desempenho de cada ação crítica.

Uma única ação não controlada pode aumentar sensivelmente o risco do processo inteiro. Cabe levantar a dúvida: será que o controle é tão óbvio a ponto de não merecer as considerações de Juran?

O fundamento que completa a trilogia é a melhoria. Esse terceiro processo gerencial da trilogia tem duas dimensões importantes: melhoria no sentido incremental e no sentido radical.

Ambas supõem as seguintes etapas:

- estabelecer a infraestrutura para garantir a melhoria contínua;
- identificar as necessidades específicas para a criação de projetos de melhoria;
- criar uma equipe por projeto;
- fornecer os recursos e o treinamento para essas equipes.

O modelo de análise de Juran, especialmente neste último processo gerencial (melhoria contínua), destaca alguns aspectos que podem ajudar a entender melhor o papel do planejamento para a qualidade. Ele identifica duas diferentes dimensões na lógica da melhoria: uma dimensão de melhoria natural e constante, fruto do uso frequente da qualidade, e outra dimensão que considera radical, típica de um salto. A primeira dimensão pode ser exemplificada no estabelecimento de prática estruturada e contínua de simplificação de processos rotineiros de uma organização, como a implantação de formas mais ágeis e confiáveis de distribuição de relatórios ou, ainda, a inclusão de um novo tópico em determinado relatório mensal da organização (Slack, Harrison e Johnston, 1999).

É importante observar, entre outras similaridades, que esse modelo de Juran coincide com o fato de que o PDCA também pode ser usado em melhorias frequentes e em melhorias radicais.

A amplitude do conceito contemporâneo de qualidade, representado principalmente na prática da GQT, inclui inúmeros modelos, dos quais destacamos alguns, e ferramentas que estruturam e potencializam o papel do gestor da qualidade. Tais modelos são incrementados o tempo todo a partir das experiências circunstanciais de cada gerenciamento.

Nesse sentido vale observar mais um destaque da sexta edição do PMBOK: agilização de algumas fases do projeto. Alguns segmentos de mercado são seriamente pressionados pelo tempo de execução dos projetos. A área de produção de *software* é a mais citada, mas não é única. Essa nova ênfase, de reforço no uso de procedimentos mais ágeis, reúne inúmeras experiências e alguns termos bem conhecidos do mercado como *kanban*, *agile*, *scrum*, entre outros. Em comum eles têm o objetivo de facilitar a visualização de todos os envolvidos no fluxo de um determinado processo de trabalho. Em um quadro na parede, seja ele real ou digital, cada integrante do projeto pode colocar aspectos que interferem no processo. Por ser acessado por todos e a qualquer hora, os ajustes podem ser feitos rapidamente e a comunicação é instantânea. Desnecessário dizer que cada integrante se sente mais envolvido na medida em que observa que sua contribuição foi considerada. O PMBOK faz referência ao Guia de Práticas Ágeis (Agile Practice Guide) como uma importante orientação para quem quer uma imersão inicial nesse tipo de prática.

Não é raro encontrarmos profissionais, áreas e até organizações inteiras que ainda veem qualidade por uma única abordagem ou perspectiva, ou seja, ainda distante do conceito contemporâneo mais enriquecido e necessário em função de uma realidade de negócios cada vez mais sofisticada. Imaginemos, nesse sentido, o que significaria desenvolver um projeto com qualidade em uma organização que não pratica qualidade na sua plenitude.

Vimos neste segundo capítulo a consolidação de um conceito contemporâneo de qualidade e, em seguida, alguns importantes modelos de análise e de melhoria de processos que podem contribuir para uma ótima performance do gestor de projeto. Fechamos o capítulo com uma das ênfases da sexta edição do PMBOK, que é a agilização de processos para atender a uma realidade mais interligada tecnologicamente e que tende, entre outros aspectos, a exigir maior velocidade no desenvolvimento dos projetos.

O capítulo a seguir tem como objetivo apresentar o processo de planejar a qualidade em projetos.

3
Planejar o gerenciamento da qualidade

Este capítulo tem o objetivo de apresentar o processo de planejamento da qualidade em projetos. A estrutura básica do capítulo é definida a partir de uma breve explicação sobre a importância e os métodos de planejamento, aplicados ao ambiente de projetos. Logo após, o capítulo apresenta e explica as entradas necessárias para a elaboração de um plano da qualidade, seguido das ferramentas e técnicas normalmente utilizadas e, ao final, apresenta as saídas desejadas. Assim, esperamos que ao final deste capítulo, você, leitor, tenha as principais informações para compreender a totalidade da teoria e da prática do planejamento da qualidade, associando-as mais adequadamente ao gerenciamento contemporâneo da qualidade em projetos.

Conceito e metodologia

Os conceitos envolvidos no planejamento da qualidade serão vistos a seguir. Eles formam a base para a apresentação de uma metodologia sugerida de implantação desse processo. Lembre-se de que o planejamento da qualidade foca em duas dimensões distintas e complementares: os requisitos para o bom desempenho da gestão do projeto e as especificações para o correto cumprimento da qualidade acordada do produto do projeto.

Conceito de planejamento da qualidade

O mercado é um ecossistema vivo de empresas, portanto, estar em constante evolução é uma questão de sobrevivência. O que funciona em uma época não necessariamente continua funcionando em outra, e daí precisa ser atualizado e até melhorado.

Hoje em dia, as empresas buscam a melhoria contínua, ou seja, evoluir a qualidade de seus produtos e serviços, do ambiente de trabalho, da posição no mercado e os processos internos e externos dos quais necessita para seu negócio. Para serem mais competitivas, precisam melhorar a qualidade do vínculo que têm com seus clientes e colaboradores, ser capazes de se reinventar permanentemente e inovar de forma acelerada para acompanhar a volatilidade do ambiente e buscar um bom desempenho financeiro. A gestão da qualidade permitirá criar processos que agilizem e otimizem o fluxo de trabalho.

Essa gestão também pode determinar o sucesso de um projeto. Em última instância, uma gestão de projetos competente e dinâmica pode ser um vetor crucial de transformação da empresa, trazendo potenciais benefícios e tornando-a mais competitiva e bem-sucedida.

Segundo o Guia PMBOK (2017), o planejamento da qualidade é processo de identificação dos padrões ou requisitos de qualidade da gestão e do produto do projeto, além da respectiva documentação do modo como o projeto vai demonstrar sua conformidade aos requisitos de produto e de processos especificados.

Para atender esses requisitos, a alta direção deverá estabelecer metas e definir os meios de avaliar o andamento das ações, estabelecendo também a metodologia para o monitoramento de desempenho de um sistema de gestão da qualidade adequado ao negócio.

Todo projeto, para ser bem-sucedido, precisa contar com um processo estruturado de planejamento que defina claramente quais as metas a serem atingidas a cada etapa de seu desenvolvimento. Que fique claro: um bom planejamento por si só não garante a qualidade de um projeto, mas seguramente contribui para aumentar as chances de sucesso. Quando mencionamos qualidade, não estamos tratando somente do produto, mas também de demais itens, como o fluxo do trabalho, a produção, a forma de execução dos processos, a satisfação e percepção de valor pelo cliente, a vantagem competitiva por meio de diferenciação no mercado.

Fazem parte do planejamento quantificar os custos e prazos, definir o escopo do projeto e proporcionar uma visão macro do esforço envolvido, além de mostrar o que será necessário para o desenvolvimento e a realização do projeto.

Caberá aos gestores encarregados se comprometerem com o cumprimento do plano. É comum um projeto falhar porque o processo de planejamento não foi respeitado ou deixou de identificar problemas e desvios nos processos do projeto.

Se desejarmos obter a máxima qualidade em todo o desenvolvimento do projeto, precisamos dedicar grande esforço e atenção ao seu planejamento.

A definição das atividades do planejamento é dada por alguns parâmetros que, basicamente, tratam de responder às seguintes questões: O que fazer? Por quê? Quem vai fazer o quê? Como? Onde? Quanto custa fazer? Quanto esforço será necessário? Quando fazer?

Cabe a cada empresa definir seus próprios parâmetros e responder, da forma mais detalhada possível, a essas questões. Pense que é o planejamento da qualidade o responsável por indicar à empresa quais serão os atributos do produto/serviço e os índices de falhas. Dessa forma, o processo de planejamento, como antecessor do processo de execução de um projeto, é indispensável e de alta relevância.

Segundo Juran (1997), alta qualidade é resultante de uma combinação de elementos: os atributos do produto são os melhores possíveis, atendem as reais necessidades dos clientes e, por fim, não apresentam defeitos.

Metodologia de planejamento da qualidade

Planejar a qualidade significa ter interpretado corretamente aquilo que o cliente precisa, ou seja, suas necessidades e desejos, e a partir disso desenhar um produto tangível ou um processo intangível que possa ser gerenciado eficientemente. Entretanto também é fundamental que a empresa tenha condições operacionais de produzi-lo, ou seja, que existam processos internos capazes de tornar aquele produto ou serviço viável (Juran, 1997).

Ao longo do projeto, deve ser realizado o processo de controle da qualidade para verificar e monitorar os produtos, serviços e resultados acordados, garantindo que os resultados estejam em conformidade com os padrões e requisitos críticos, adequados e relevantes, identificando caminhos para a solução de problemas, eliminando suas causas. Esse processo possui como principais entradas o plano de gerenciamento da qualidade, suas métricas e indicadores, *check lists* de produto, serviços e resultados, procedimentos sistêmicos e operacionais, assim como todos os ativos pertinentes. Também são consideradas entradas importantes as informações sobre o desempenho do trabalho, as solicitações de mudanças implementadas e a descrição das entregas de produtos.

Joseph Juran (1993) define o planejamento da qualidade como uma atividade de desenvolvimento dos produtos e processos, cuja execução deve ser exigida para aumentar o cumprimento das necessidades dos clientes, aumentando assim a satisfação. O planejamento da qualidade inclui sete etapas que se aplicam a qualquer projeto ou organização e que estão resumidas a seguir:

1. *Estabelecimento das metas de qualidade* – As metas de qualidade para o negócio, produto e processos devem ser estabelecidas para nortear o alcance das estratégias. Um planejamento eficaz somente pode ser realizado após o estabelecimento das metas do negócio ou projeto. Essas metas formam um conjunto de objetivos que devem ser perseguidos e alcançados, porém, para estabelecê-las, a direção deve tomar precauções quanto à análise de dados históricos.
2. *Identificação dos clientes* – Os clientes atuais e potenciais devem ser conhecidos e gerenciados, principalmente aqueles que impactam nos esforços para que a organização realize e alcance seus objetivos e metas. Segundo Juran (1993), cliente é qualquer pessoa impactada ou afetada pelos produtos e processos necessários para atingir as metas de qualidade. O fluxograma, uma ferramenta que por descrever as etapas do processo e suas interligações com os processos subsequentes, acaba por realizar a identificação dos clientes desse processo. Cada processo forma uma rede lógica, composta por relações entre fornecedor e cliente que se alternam no projeto. Um exemplo é a relação entre as áreas de marketing e vendas de um hotel. Quando a área de vendas fecha um negócio que irá gerar mídia, ela se torna fornecedora da área de marketing; quando esta área produz materiais de apoio a vendas, como *folders* ou anúncios, vendas se torna cliente dela. Outra ferramenta muito utilizada é o *quality function deployment* (QFD), desdobramento da função qualidade, conhecido como a "casa da qualidade", que recebe esse nome devido ao seu formato gráfico de casa. Essa casa é formada por matrizes que registram as informações obtidas com os clientes identificados, suas necessidades e respectivos impactos.
3. *Definição das necessidades dos clientes* – Uma vez identificados os clientes, devem ser determinadas suas necessidades, para

maximizar sua satisfação, assim como o sucesso do negócio e a realização de seus objetivos. A satisfação dos clientes e demais *stakeholders* com o produto do projeto é resultado de alguns fatores, como a tecnologia agregada, a segurança ou qualidade percebida, a facilidade de uso, a rapidez do serviço e, por fim, o provimento de informações. Mas, sem dúvida, uma das formas mais eficazes de descobrir as necessidades de um cliente é se tornar um deles, ou seja, vivenciar o serviço ou consumir o produto. Podemos classificar as necessidades dos clientes de quatro formas:

- necessidades explícitas: bens que os clientes desejam comprar;
- necessidades reais: serviços que os bens podem prestar;
- necessidades percebidas: percepções dos clientes;
- necessidades culturais: necessidades de respeito consigo mesmo e com os outros, continuidade de padrões de hábitos e padrão cultural.

4. *Fornecimento de métricas* – É muito mais fácil e seguro tomar decisões e fazer julgamentos quando se está embasado em métricas. Os indicadores ou unidades de medida têm de ser claros; bem definidos; consensados pelo grupo e adequadamente compreendidos pelos seus integrantes; suficientemente amplos, embora limitados por prazos e custos; e viáveis de serem aplicados e verificados. O desenvolvimento de novas métricas ou indicadores é um processo evolucionário e a experiência dos usuários e o *feedback* que fornecem aos gestores é fundamental para essa evolução.
5. *Desenvolvimento dos atributos dos produtos* – Como já vimos, o produto é um bem ou serviço. Em seu sentido mais amplo, especialmente no caso da gestão de projetos, é o resultado final de qualquer processo, ou seja, qualquer coisa que seja produzida, e será tão mais importante quanto mais contribua

para a receita da empresa. Todos os produtos resultam de uma progressão de eventos chamada de "espiral do progresso". Ela está dividida em fases ou segmentos que indicam que critérios precisam ser satisfeitos – logo, quais seriam as ações necessárias e os resultados de cada fase. O sistema de fases é uma ferramenta gerencial que impulsiona e permite controlar a progressão de eventos, ajudando as equipes na tomada de decisão sobre as ações a seguir, levando adiante ou abortando a próxima fase.

6. *Desenvolvimento das atividades dos processos* – Processo pode ser entendido como uma sequência sistemática de etapas que resultam em algo físico ou um objetivo mais subjetivo. Ele precisa ser contínuo, ainda que comporte mudanças de rumo, e suas atividades estão inter-relacionadas e, portanto, são interdependentes – o atraso ou má execução de uma impactará negativamente na outra. Para usar uma linguagem de gestão de projetos, é uma interação que transforma entradas em saídas. Sendo assim, o planejamento de cada atividade é vital para a saída do processo, ou seja, para o produto final daquela etapa do projeto e de todas as subsequentes.
7. *Desenvolvimento dos instrumentos de controle dos processos* – Aqui o que está em jogo é a avaliação do desempenho do processo, para garantir o que mencionamos no item anterior. Considera-se o desempenho real e compara-se com as metas de qualidade previamente definidas, a partir daí tomando providências para eliminar os hiatos existentes (Juran, 1997). A avaliação de desempenho dependerá de coletar dados e analisá-los adequadamente em todos os estágios do processo. Para tanto, é preciso haver sistemas implementados na empresa, que podem variar desde um *feedback* de um usuário ou funcionário por meio de um simples questionário ou reunião, até programas mais sofisticados de bases de dados eletrôni-

cas, vinculadas a *call centers* ou relatórios gerenciais. Como descrito em todas as referências e guias de gerenciamento de projetos, a implementação da política da qualidade do projeto deve ser apresentada no plano de gerenciamento da qualidade, identificando a equipe responsável por essa implementação. Se já existir uma política da qualidade na organização em que o projeto está sendo realizado, esta deve ser utilizada como premissa básica para a construção de todo o planejamento da qualidade, contemplando o gerenciamento, o controle e a melhoria da qualidade dos processos de gestão e do produto, serviços ou resultados. Se a organização não dispuser de uma política da qualidade e de um programa para sua implementação, deve iniciar por uma definição, planejamento e implantação das bases de um sistema da qualidade que seja documentado, divulgado, compreendido, acompanhado por todos e gerenciado, para gerar as melhorias contínuas nos processos e produtos do negócio.

Vários programas de qualidade foram criados e desenvolvidos com esse objetivo, entre os quais podemos destacar as normas da série ISO 9000, o Capability Maturity Model Integrated (CMMI) e o Software Process Improvement and Capability Determination (SPICE).

Esse sistema de gestão da qualidade deve contar com a participação de todos os funcionários, principalmente da direção, todos responsáveis por defini-lo e atualizá-lo, de modo a incluir os objetivos da organização, suas práticas de gestão e seus processos de produtos.

Quando uma organização se propõe a implementar um sistema de gestão da qualidade, deve considerar alguns elementos críticos para construí-lo, compostos por um conjunto básico de requisitos, formando um referencial inicial a ser utilizado pelas organizações, independentemente de seu ramo e segmento de atuação.

Esse conjunto de requisitos está descrito e é utilizado para formar as normas da série ISO 9000, com destaque para a norma ISO 9001, que representa um sistema de gestão da qualidade básico e inicial para ser implementado em qualquer organização ou projeto. É importante destacar que o objetivo dessas normas é implementar um sistema da qualidade adequado às necessidades de cada negócio ou projeto, nunca padronizando o sistema de gestão da qualidade para ser implementado pelas organizações.

Planejar a qualidade envolve identificar quais padrões são relevantes para o projeto e determinar como satisfazê-los.

A identificação e o gerenciamento das metas, métricas e padrões de qualidade de um projeto são os processos principais a serem utilizados durante seu processo de planejamento, devendo ser gerenciados (executados, controlados e melhorados) conjuntamente com os demais processos do planejamento do projeto, de cada área de conhecimento. Vale alertar ainda que não se pode considerar a qualidade um simples resultado a ser alcançado, mas sim uma busca constante e contínua de aperfeiçoamento, sempre considerando a relação custo × benefício dos avanços e progressos.

O grande objetivo do gerenciamento da qualidade, reforçado neste livro, é a busca por atingir os objetivos e metas relevantes e críticos que proporcionem à organização atingir desempenhos superiores, o que inclui a busca de vantagens competitivas que a diferenciem da concorrência e a projetem para uma relação harmoniosa com seus *stakeholders*. O que se busca, portanto, é que a organização não se preocupe apenas em manter-se no mercado, mas, sim, em atingir a excelência de suas práticas, alcançando patamares superiores de satisfação de seus *stakeholders*, desempenho de seus produtos e processos.

Planejar o gerenciamento da qualidade: entradas

O planejamento da qualidade é parte do planejamento geral do projeto e deve ser realizado em paralelo com os demais processos de planejamento, tomando por base:

- termo de abertura do projeto;
- plano de gerenciamento do projeto;
- documento do projeto;
- fatores ambientais da empresa;
- ativos de processos organizacionais.

A ponderação desses aspectos varia conforme o contexto do projeto, por exemplo: alterações dos processos de realização ou das especificações sobre a qualidade do produto podem afetar os prazos e os custos.

A partir da definição do escopo do projeto, o planejamento da qualidade estipula os objetivos e metas para as duas dimensões da qualidade envolvidas, ou seja, a qualidade do gerenciamento do projeto e a qualidade do produto do projeto definindo seus respectivos prazos e objetivos mensuráveis ao longo do desenvolvimento.

Essas metas da qualidade do projeto devem ser derivadas do seu planejamento estratégico, no qual os critérios competitivos estarão identificados, como exemplifica a figura 7.

A partir desses objetivos estratégicos, são identificados os critérios competitivos, aspectos da produção que são a estes vinculados. Por exemplo, a empresa sabe, por meio de pesquisas realizadas, que a satisfação dos seus clientes deriva prioritariamente da qualidade intrínseca do produto e de uma entrega rápida, ficando outros itens como secundários na percepção de valor, como preço, ou atendimento no ponto de venda, ou outro critério qualquer.

Figura 7
Exemplo de hierarquia lógica no monitoramento

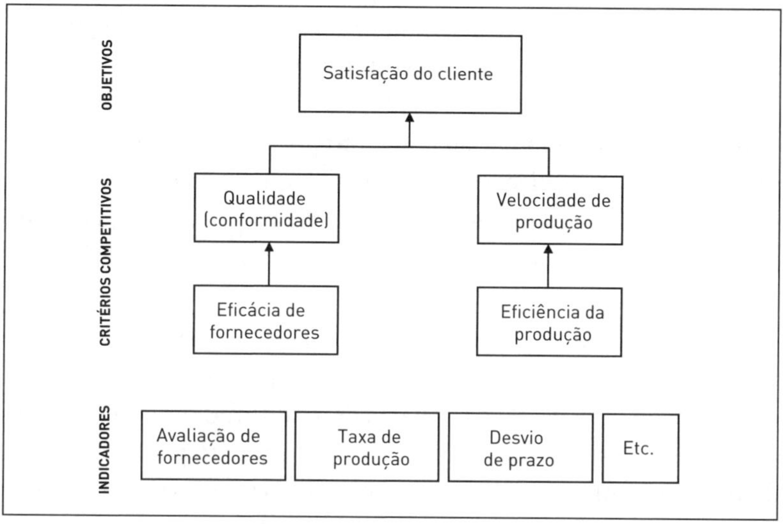

Estas características resultam diretamente da eficácia dos fornecedores e da eficiência na produção, que podem ser monitoradas respectivamente por processos de avaliação de fornecedores, taxa de produção e desvios nos prazos, entre outros indicadores. Por sua vez, a avaliação dos fornecedores terá seus próprios critérios relevantes para a empresa e etapas seguintes, por exemplo, a responsabilidade socioambiental, o cumprimento de prazos de entrega e o atendimento das especificações técnicas fornecidas, entre outros.

As metas devem ser vinculadas às duas dimensões da qualidade do projeto:

- produtos do projeto – como o cliente percebe a qualidade de produto, condições de preço e serviços associados. Note que o preço muitas vezes está condicionado à produtividade no processo de fabricação ou desenvolvimento (P&D). Lembre-se de que aqui o termo "produto" está sendo empregado

como o resultado de um processo, que gera um bem ou serviço;
- desempenho da organização no desenvolvimento do projeto, produtividade e qualidade do processo.

Por exemplo, tempo de atendimento pode ser uma característica relevante de um serviço a ser implantado, que se traduz facilmente em um indicador mensurável de eficiência na produção. Já o atendimento das metas do processo de projeto expressa a qualidade do seu gerenciamento.

Para a avaliação da conformidade dos processos e do produto do projeto, para que sejam realizados no prazo e sem erros, em determinado período, existem indicadores que nos permitem acompanhar esse desempenho tanto por período quanto pelo acumulado do projeto, conforme abaixo, por exemplo, o percentual de pacotes de serviço conformes ou de pacotes de serviço realizados.

Já a produtividade no processo de projeto pode ser aferida mensurando-se os recursos aplicados no projeto e comparando-os aos produtos de cada etapa. Recursos em geral serão aferidos por reais (R$) ou hora/homem (Hh).

Já o produto do projeto costuma ser mais subjetivo – se a etapa foi concluída, se foi repetitiva, qual o volume de documentos utilizado ou a porcentagem de realização dos serviços projetados.

Uma baixa qualidade do projeto costuma ter origem em escopos mal definidos ou mal detalhados, levando também a problemas de interpretação. Trata-se da soma dos produtos, serviços e resultados a serem fornecidos na forma de projeto, incluindo os escopos do produto e do projeto. É a situação popularmente conhecida como "fazer tudo certo na direção errada". Isto afeta não só o produto do projeto como também dificulta seu gerenciamento, levando a falhas e a uma baixa produtividade da equipe, já que ela irá despender tempo, energia e até recursos financeiros com tarefas desnecessárias ou incorretas do ponto de vista do propósito do projeto ou daquela determinada etapa. Daí percebe-se a importância de estabelecer metas bem definidas, coerentes com o planejamento estratégico e facilmente mensuráveis.

A medida do atendimento às metas deve ser realizada por um conjunto de indicadores de desempenho, como descrito nas métricas da qualidade (ver capítulo 5).

Entre os demais fatores a serem considerados no processo de planejamento, destacam-se as questões ambientais, que incluem requisitos de agências reguladoras, normas ambientais, de produtos e de processos produtivos. Já os ativos organizacionais podem fornecer ao projeto procedimentos e experimentos já avaliados, lições aprendidas de outros projetos, bem como todo o sistema de qualidade da organização, que deve servir de base para o planejamento da qualidade no projeto.

Planejar o gerenciamento da qualidade: ferramentas e técnicas

O Guia PMBOK (2017) lista diversas ferramentas da qualidade que podem ser aplicadas ao processo de planejamento da qualidade: opinião especializada, coleta de dados, análise de dados, tomada de decisões, representação de dados, planejamento de testes e inspeções, reuniões. A visão de processo aplicada aos projetos permite a aplicação de uma multiplicidade de ferramentas e técnicas, descritas no capítulo 6.

A especificidade da aplicação dessas ferramentas ao ambiente de projetos se origina principalmente do caráter único/inédito que a maioria dos projetos possui, já que muitas vezes faltam referências anteriores para a análise comparativa de resultados, sendo necessário utilizar aproximações ou estudar casos parecidos, porém raramente iguais, como uma forma de parâmetro. Entretanto, ao adaptar referências de um contexto em outro é comum ocorrerem erros, pois nem sempre os efeitos do ambiente sobre os resultados estão bem descritos nos históricos. Por exemplo, a metodologia de mensuração de produtividade nem sempre descreve as condições reais de produção que ocorreram durante o projeto que está servindo de base metodológica, e esse é um aspecto crítico quando estabelecemos uma meta em um projeto.

Planejar o gerenciamento da qualidade: saídas

Os resultados esperados – ou saídas – do planejamento da qualidade são: o plano de qualidade do projeto, as métricas de qualidade do projeto, as atualizações do plano de gerenciamento do projeto, as atualizações de documentos do projeto, como é possível ver no quadro 3.

Quadro 3

Esquema geral do planejamento da qualidade

Entradas	Ferramentas e técnicas	Saídas
• Termo de abertura do projeto • Plano de gerenciamento do projeto • Documentos do projeto • Fatores ambientais da empresa • Ativos de processos organizacionais	• Opinião especializada • Coleta de dados • Análise de dados • Tomada de decisões • Representação de dados • Planejamento de testes e inspeções • Reuniões	• Plano de gerenciamento da qualidade • Métricas da qualidade • Atualizações do plano de gerenciamento do projeto • Atualizações de documentos do projeto

Fonte: adaptado de Guia PMBOK (PMI, 2017).

O plano de qualidade é um componente para o plano de gerenciamento do projeto, e seu nível de detalhamento pode variar bastante conforme a maior ou menor formalidade que o projeto tenha. O plano da qualidade pode ser apresentado de diversos modos, porém é conveniente que seja feita uma consulta às diretrizes da norma ISO 10005 – Sistemas de Gestão da Qualidade – Diretrizes para Planos da Qualidade, que apresenta um roteiro de referência para sua execução e alguns exemplos de planos em seus anexos.

Normas ISO no gerenciamento de projetos

A seguir veremos as três normas ISO mais importantes para o gerenciamento da qualidade de um projeto:

- *Norma ISO 10005* – Sistemas de gestão da qualidade – Diretrizes para planos da qualidade – Fornece diretrizes para o desenvolvimento, análise crítica, aceitação, aplicação e revisão dos planos da qualidade;
- *Norma ISO 10006* – Sistema de gestão da qualidade – Diretrizes para gestão da qualidade em empreendimentos – Fornece uma orientação para a aplicação da gestão da qualidade em empreendimentos (projetos);
- *Norma ISO 21500* – Sistema de gestão da qualidade – Orientações sobre gerenciamento de projeto – Fornece diretrizes para gerenciamento de projetos e pode ser usada por qualquer tipo de organização, incluindo pública, privada ou organizações comunitárias, e para qualquer tipo de projeto, independentemente de complexidade, tamanho ou duração.

A norma ISO 10005

A sigla ISO 10005 identifica um padrão internacional de referência para a elaboração do plano de qualidade, que visa definir aspectos do controle e gestão associados a um determinado contrato ou projeto.

Os principais pontos abordados no plano de qualidade são:

- responsabilidade do contrato;
- controle do processo (concepção, implementação e suporte);
- controle dos recursos e subempreiteiros envolvidos;
- gestão de eventuais irregularidades contratuais e sua resolução sistemática.

O plano da qualidade é um documento que visa recolher, em uma lista organizada de documentos, provas, gravações e, em geral, de todas as regras exigidas ao fornecedor para garantir todos os aspectos contratados.

Para fazer isso, o cliente, de posse do plano de qualidade, demonstra que o contrato, em todas as suas partes, é mantido sob controle por meio de um sistema dedicado.

O plano de qualidade deve ser explicitado nos seguintes tópicos:

- responsabilidade;
- revisão e análise de ordens de contrato;
- verificação da configuração;
- controle de documentos e dados;
- fornecimento;
- controle de produto fornecido;
- identificação e rastreabilidade;
- controle do processo de implementação;
- verificações e testes;
- controle de instrumento;
- verificação e *status* de teste;
- controle de produto não conforme e ações corretivas e preventivas;
- gestão, armazenamento, embalagem e expedição do produto;
- controle de registros;
- auditorias de qualidade;
- treinamento.

O plano de qualidade, devido à sua natureza, não é sinônimo de certificação ISO 9001 da empresa que o lavrou, mesmo que um sistema de gestão ISO 9001, por sua natureza, seja um pré-requisito para o estabelecimento de um plano de qualidade.

A norma ISO 10006

A norma ISO 10006, primeiro padrão elaborado para projetos, foi criada em paralelo com o Project Management Body of Knowledge (PMBOK), elaborado pelo Project Management Institute (PMI). Seu conteúdo de operação busca as mesmas perspectivas de qualidade: realização do produto, gestão dos recursos e foco no cliente, com uma visão ampla e geral de gestão de processos, adicionando novo conteúdo para a promoção da melhoria contínua (lições aprendidas). Veja o quadro comparativo entre estes conceitos e as três referências básicas para gerenciamento de projetos: ISO 9001, ISO 10006 e PMBOK.

Quadro 4

Conceitos e referências

	ISO 9001	ISO 10006	PMBOK
Sistema	4. Sistema de gestão da qualidade	4. Sistema de gestão da qualidade em projetos	8. Gestão da qualidade
Cliente	5. Responsabilidade da direção 5.2. Foco no cliente	5. Responsabilidade da direção 5.2. Foco no cliente	
Recursos	6. Gestão de recursos	6. Gestão de recursos	9. Gestão dos recursos humanos do projeto
Produto	7. Realização do produto	7. Realização do produto: interdependência, escopo, tempo, custo	7. Realização do produto: integração, escopo, tempo, custo
Controle	8. Medição, análise e melhoria: não conformidade, auditoria	8. Medição, análise e melhoria	

A ISO 10006 – Quality management – Guidelines to quality in project management – é um guia e um padrão internacional desenvolvido pela ISO específico para gerência de projetos, mas não com objetivos de certificação, e sim de padronização. É aplicável a projetos de complexidades variadas, pequenos ou grandes, de curta ou longa duração, em diferentes ambientes e independentemente do tipo de produto ou processo envolvido. Isso pode necessitar de alguma adaptação no gerenciamento para atender as particularidades do projeto.

Descrição dos processos de gerenciamento de projetos para a ISO 10006:

1. Processo estratégico
   1.1 Definição da direção do projeto e gerenciamento da realização de outros processos do projeto.

2. Processos de gerenciamento de interdependências
   2.1 Iniciação do projeto e desenvolvimento do plano de projeto: avaliação dos requisitos dos clientes e outras partes interessadas, preparando um plano do projeto e iniciando outros processos.
   2.2 Gerenciamento das interações: gerenciamento das interações entre os processos durante o projeto.
   2.3 Gerenciamento das mudanças: antecipação a mudanças e gerenciamento destas ao longo de todos os processos.
   2.4 Encerramento: conclusão dos processos e obtenção de retroalimentação (*feedback*).

3. Processos relacionados ao escopo
   3.1 Desenvolvimento conceitual: definição das linhas gerais sobre o que o produto do projeto irá fazer.
   3.2 Desenvolvimento e controle do escopo: documentação das características do produto do projeto em termos mensuráveis e controle dos mesmos.

3.3 Definição das atividades: identificação e documentação das atividades e etapas necessárias para se alcançarem os objetivos do projeto.
3.4 Controle das atividades: controle do trabalho efetivo realizado no projeto.

4. Processos relacionados ao tempo
   4.1 Planejamento de dependência das atividades: identificação das inter-relações, interações lógicas e dependências entre as atividades do projeto.
   4.2 Estimativa de duração: estimativa da duração de cada atividade em conexão com atividades específicas e com os recursos necessários.
   4.3 Desenvolvimento do cronograma: inter-relação dos objetivos de prazo do projeto, para confirmação do cronograma proposto ou para realizar as ações apropriadas para recuperar atrasos.
   4.4 Controle do cronograma: controle da realização das atividades do projeto, para confirmação do cronograma proposto ou para realizar as ações apropriadas para controlar e mitigar atrasos.

5. Processos relacionados ao custo
   5.1 Estimativa de custos: desenvolvimento de uma estimativa de custos para o projeto.
   5.2 Orçamento: utilização de resultados provenientes da estimativa de custos para elaboração do orçamento do projeto.
   5.3 Controle de custos: controle de custos e desvios ao orçamento do projeto.

6. Processos relacionados aos recursos
   6.1 Planejamento de recursos: identificação, estimativa, cronograma e alocação de todos os recursos principais.

6.2 Controle dos recursos: comparação da utilização real e planejada de recursos, corrigindo se necessário.

7. Processos relacionados ao pessoal
   7.1 Definição de estrutura organizacional: definição de uma estrutura organizacional para o projeto, baseada no atendimento das necessidades de projetos, incluindo a identificação das funções e definindo autoridades e responsabilidades.
   7.2 Alocação de equipe: seleção e nomeação de pessoal suficiente com a competência apropriada para atender as necessidades do projeto.
   7.3 Desenvolvimento da equipe: desenvolvimento de habilidades individuais e coletivas para aperfeiçoar o desempenho do projeto.

8. Processos relacionados à comunicação
   8.1 Planejamento da comunicação: planejamento dos sistemas de informação e comunicação do projeto.
   8.2 Gerenciamento das informações: disponibilização das informações da organização do projeto necessárias aos membros e outras partes interessadas.
   8.3 Controle da comunicação: controle da comunicação de acordo com o sistema de comunicação planejado.

9. Processos relacionados ao risco
   9.1 Identificação de riscos: determinação de riscos do projeto.
   9.2 Avaliação de riscos: avaliação da probabilidade de ocorrência de eventos de risco e impacto destes sobre o projeto.
   9.3 Desenvolvimento de reação ao risco: desenvolvimento de planos para reação ao risco.
   9.4 Controle de riscos: implementação e atualização dos planos de risco.

10. Processos relacionados aos suprimentos
    10.1 Planejamento e controle de suprimentos: identificação e controle do que deve ser adquirido e quando.
    10.2 Documentação dos requisitos: compilação das condições comerciais e requisitos técnicos.
    10.3 Avaliação dos fornecedores: avaliação e determinação de quais fornecedores devem ser convidados a fornecer produtos.
    10.4 Subcontratação: publicação dos convites para apresentação de proposta, avaliação das propostas, negociação, preparação e assinatura de contrato.
    10.5 Controle de contrato: garantia de que o desempenho dos fornecedores atende os requisitos contratuais.

A norma ISO 21500

Nos últimos anos, têm surgido diferentes normas internacionais e nacionais para gerenciamento de projetos, mas ainda carentes de um vocabulário comum e de processos que possam ser referenciados pela comunidade mundial, o que resultou em diferentes definições e interpretações de tópicos em gerenciamento de projetos.

Para endereçar esses problemas, a International Organization for Standardization (ISO) criou um novo padrão denominado ISO 21500 – Guidance on project management. O padrão cria uma plataforma comum que pretende ser uma referência para as organizações e facilitar a transferência de conhecimento e a harmonização de princípios, vocabulários e processos existentes nos padrões atuais e futuros.

O projeto da ISO 21500 iniciou em 2006 e foi lançado em outubro de 2007, com representantes de 23 países; posteriormente, o número de países participantes foi estendido de modo a garantir uma cobertura maior. Esta norma tem diretrizes para gerenciamento de projetos e pode ser usada por qualquer tipo de organização, incluindo pública, privada ou organizações comunitárias, e qualquer tipo de projeto, independentemente de complexidade, tamanho ou duração.

Alguns conceitos precisam ser alinhados com o significado de projeto e gerenciamento de projetos, sendo o primeiro um conjunto único de processos que consiste em atividades coordenadas e controladas, com datas de início e fim, empreendidas para atingir os objetivos definidos, e o segundo, a aplicação de métodos, ferramentas, técnicas e competências para um projeto.

A norma manteve basicamente os mesmos grupos de processo ou fases do projeto já largamente utilizadas na metodologia do PMI e baseada em seu Guia PMBOK (PMI, 2017), dividindo o projeto em cinco fases:

1. iniciação;
2. planejamento;
3. implementação (execução);
4. controle;
5. encerramento.

É inevitável não comparar a norma ISO 21500:2012 e a mais nova versão do Guia PMBOK (2017). Essas duas referências diferem basicamente na quantidade de processos: enquanto a norma ISO 21500:2012 relaciona 39 processos, o Guia PMBOK (2017) considera 47 processos dentro das cinco fases relacionadas anteriormente, porém ambos mantiveram as 10 áreas de conhecimento listadas abaixo, começando no capítulo 4 do Guia PMBOK (2017), já que os três primeiros capítulos são introdutórios ao tema de gerenciamento de projetos:

4. integração;
5. escopo;
6. tempo;
7. custos;
8. qualidade;
9. recursos humanos;
10. comunicações;
11. riscos;
12. aquisições;
13. partes interessadas.

O objetivo da norma ISO 21500 é recomendar às organizações – portanto não aos profissionais individualmente – um modo profissional de gerenciar os projetos tendo como base a reunião das melhores práticas do mercado.

A ISO 21500 facilita processo de concorrência mais eficiente, pois incentivam as organizações a coordenarem seus sistemas e processos de gerenciamento de projetos, o que resulta em melhoria das entregas de projetos consistentes. Esse referencial tem como principal potencial o desenvolvimento de metodologias para criação de estratégias no gerenciamento de projetos.

Como regra geral, um plano deve conter as metas ou padrões de qualidade, as atividades necessárias para garantir que estes sejam atingidos, os responsáveis por essas atividades e os procedimentos recomendados para elas. Esse plano deve ser cuidadosamente revisado de modo a garantir que esteja baseado em dados precisos e apresente metas factíveis, compatíveis com a análise de custo × benefício.

Um plano de qualidade detalhado inclui a descrição das metas do projeto em suas diferentes dimensões: como os padrões serão mensurados e aferidos, que tolerâncias devem ser admitidas, podendo estender-se à análise do impacto sobre os custos. Essas descrições constituem as métricas de qualidade específicas do projeto. Por exemplo, podem incluir aspectos de desempenho no atendimento, confiabilidade ou previsão de nível de serviço tanto para o processo do projeto, face seus clientes internos e externos, quanto para os produtos do projeto.

Já as listas de verificação (*check lists*) resumem os pontos nos quais um conjunto de requisitos pode ter sua conformidade aferida. Podem ser relativamente simples ou incluir a avaliação de procedimentos complexos. Elas serão um elemento fundamental na realização do controle da qualidade.

O plano de melhoria de processo também se insere no plano de gerenciamento do projeto e define onde devem ser realizadas as análises visando à melhoria de desempenho. Podem ser pontos específicos do projeto previamente definidos ou vinculados a eventos, inclusive auditorias da qualidade.

Finalmente, tem-se a etapa de atualização dos documentos do projeto, já que todo o planejamento da qualidade realimenta o conjunto de documentos utilizados, que deve ser atualizado para garantir sua consistência, em especial quanto à definição das responsabilidades dos *stakeholders* do projeto.

No próximo capítulo, contemplaremos como gerenciar a qualidade.

4
Gerenciar a qualidade

Este capítulo define, inicialmente, o papel da gestão da qualidade, seu objetivo e o valor que pode agregar a sua organização segundo os pontos de vista dos seus autores e boas práticas mais veiculadas no mundo. Contudo, entender o significado da gestão da qualidade passa pela compreensão do que é um "processo". Neste capítulo, enfatizamos a urgência e necessidade do entendimento "de como se realizar algo" mais eficaz e integrado à estratégia da empresa, visão de processo e das pessoas, segundo as normas e padrões definidos para o projeto em questão. Por último, esperamos auxiliar nosso leitor no entendimento de como garantir a eficiência dos processos de gestão de um projeto, com foco na obtenção de um produto. Descreveremos, nas seções a seguir, alguns dos métodos e ferramentas da gestão de processo em uso por muitas organizações, para assim auxiliá-lo nesta missão que é a de construir uma cultura em prol da melhoria contínua.

Conceito e aplicação

Como todo bom projeto/plano inicia-se com um bom entendimento conceitual, nas duas subseções a seguir apresentaremos uma definição clara e bem ilustrada do que engloba a gestão da qualidade e a importância da atividade de garantia de processo na gestão eficaz de um projeto. Se o entendimento do que é processo é nossa principal preocupação, vamos analisar o que são processos estruturados e os não estruturados e em que parte da hierarquia organizacional eles, predominantemente, se enquadram. O mapeamento nos permite uma representação clara dos processos e nos auxilia na visualização de como fazemos algo. Daí, a importância de entendermos como decompor os processos do nível macro, chamados de macroprocessos, ao nível de tarefas, executadas na base da pirâmide hierárquica. A consistência de um bom mapeamento de processos depende fortemente desse entendimento, para melhor visualizar a relação e as interfaces entre as atividades e entender onde e quais são as principais "não conformidades" do processo em questão.

Nunca se deve negligenciar o bom entendimento do conceito, do fundamento, da filosofia, denominados por alguns "teoria". É justamente o bom entendimento do fundamento que o levará à melhor escolha, adaptação e aplicação da(s) "teoria(s)" dentro de sua realidade.

Conceito de garantia da qualidade

Vejamos uma definição apresentada no Guia PMBOK (PMI, 2017:289): "o foco da garantia da qualidade está nos processos usados no projeto. A garantia trata de usar os processos efetivamente".

Segundo Mulcahy (2005), a garantia da qualidade determina se os padrões estabelecidos para os processos estão sendo atingidos, se o trabalho está sendo melhorado continuamente e se suas não conformidades são corrigidas. Cabe à garantia da qualidade também identificar melhorias que a organização deve empreender para assegurar que os projetos por ela definidos sejam capazes de entregar excelência em seus resultados.

Falconi (2009:100) define que "a garantia da qualidade tem como finalidade confirmar que todas as atividades da qualidade estão sendo conduzidas da forma requerida". E ainda, "é a função que visa confirmar que todas as ações necessárias para o atendimento das necessidades dos clientes estão sendo conduzidas de forma completa e melhor que o concorrente".

Outra forma clara de entendermos a garantia da qualidade é expressa por Juran (1993) como sendo um "processo" que fornece aos *stakeholders* condições de garantia de confiança na correta condução da função da qualidade.

Afinal de contas o que é um "processo"? Em linhas gerais, um processo corresponde a um conjunto de atividades que, inter-relacionadas, geram um resultado ou produto único.

Um processo deve entregar algo, um resultado que adicione valor para seu cliente. Para que isso seja possível, profissionais competentes em gestão devem arranjar as atividades de forma a permitir que a entrega ocorra no menor tempo, dentro dos padrões de qualidade impostos pelo mercado, pelas estratégias da sua empresa e ainda pelas exigências regulatórias. Normalmente, um processo é composto por uma série de atividades que permeiam diversas áreas da organização. O sequenciamento das atividades deve ser arranjado da maneira mais eficiente possível, como ilustrado na figura 8.

Como fazer isso? Há a necessidade de estabelecermos controles (figura 9) para que o processo entregue resultados padronizados e de acordo com especificações do cliente, regulatórias, estratégicas e operacionais.

Figura 8
Sequenciamento das atividades de um processo

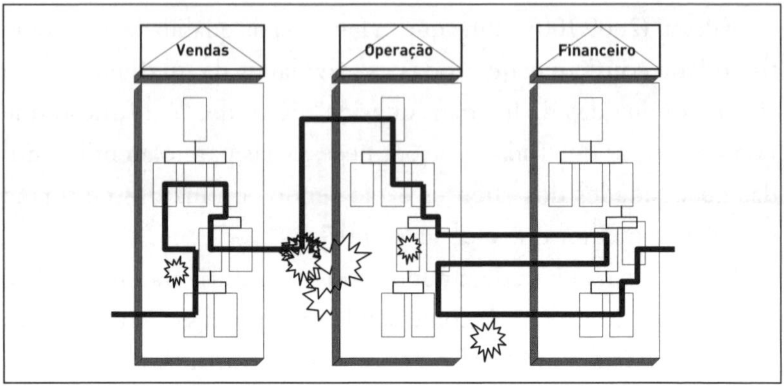

Fonte: adaptada de Dávallos (2010:68).

Figura 9
Entradas, saídas, controle e recursos de um processo

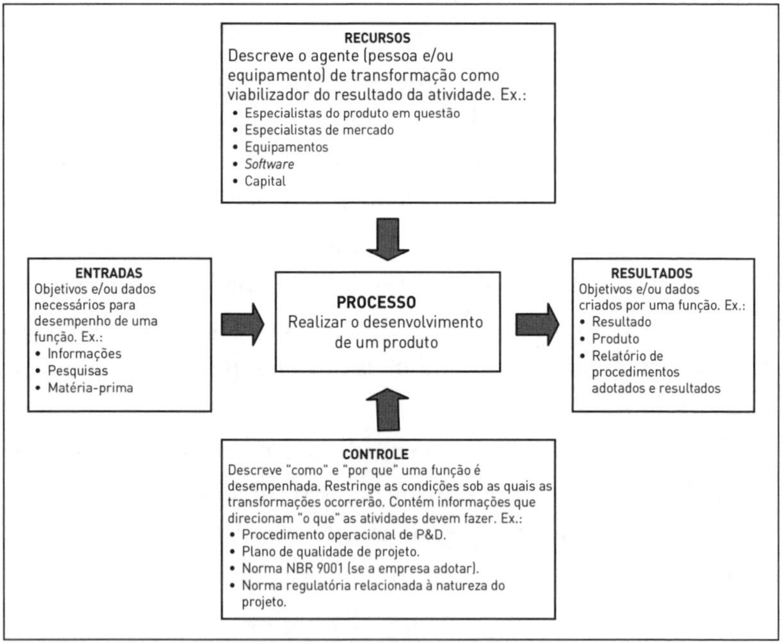

Fonte: adaptada de Kirkpatrick (1970).

Mas, afinal, o que significa a palavra "controle" no contexto da figura 9? São definições que descrevem qual motivo e como devemos realizar uma atividade. Exemplos mais comuns de controle nos diferentes níveis organizacionais:

- *no nível estratégico*, corresponde a um planejamento estratégico;
- *no nível tático*, descreve normas, políticas e procedimentos;
- *no nível operacional*, descreve instruções de trabalho (ITs) ou procedimento de operação padrão (POPs), que orientarão como as atividades e tarefas deverão ser conduzidas para que o resultado seja sempre o mesmo (padronizado) e conforme as especificações. Isso até que se descubra uma oportunidade para melhorar a forma de realizar essas atividades ou até que alguém tenha identificado um problema, uma falha, um defeito que deve ser corrigido.

Como tudo isso só é possível com suporte de recursos, como ilustrado na figura 9, precisamos, ainda, para compor a definição de processo, de profissionais qualificados e que gostem do que fazem, e de equipamentos adequados à natureza e complexidade do processo/atividade a ser executada. É o conceito de "produção enxuta" aplicado a qualquer processo.

Vamos complementar a definição de processo? Vamos lá.... Sabemos que um processo corresponde a um conjunto de atividades que, inter-relacionadas, entregam resultados ao cliente, sejam produtos ou serviços únicos. Essas atividades seguem orientações descritas nas regulamentações, nas normas, nos planos e procedimentos aprovados e são conduzidas com apoio de profissionais e equipamentos (veja a figura 9).

Essa definição explica o que são processos estruturados numa organização, ou seja, aqueles que possuem entradas e saída claras, início e fim, atividades discretas e uma sequência de atividades com uma clara visão das dependências entre elas.

Mas como organizações são compostas não apenas de processos estruturados, como também dos não estruturados, vamos nos aprofundar um pouco mais nos conceitos.

Todo esforço, ou ainda, todo trabalho necessário para que algum resultado seja gerado faz parte de algum tipo de processo organizacional. Tal processo pode ser do tipo estruturado ou não estruturado, ou uma combinação dos dois. Qual o significado disso?

Nem sempre os processos de uma organização possuem uma sequência única, com atividades claramente definidas e precisas para se alcançar um resultado. Esses são os processos não estruturados, tipicamente conhecidos como processos gerenciais e de serviços. Podemos citar como exemplo os processos de gerenciamento de mudanças culturais, de desenvolvimento de novas tecnologias e os processos de tomadas de decisão quanto à recuperação de uma falha por decisão gerencial.

Nos casos aqui apontados, Gonçalves (2000) defende que não existe uma sequência clara, uma atividade específica para iniciar processos gerenciais. Os caminhos e as dependências entre as atividades podem ser vários e dependem fundamentalmente da percepção e da experiência dos gestores responsáveis para definição deste fluxo de trabalho. Por conta da sua própria natureza, os processos gerenciais não precisam ser cuidadosamente definidos ou realizados numa sequência particular, afirmam Morris e Brandom (1994).

Já os processos estruturados, como os de uma linha de produção, possuem uma sequência lógica entre suas atividades e estão fortemente relacionadas à natureza da entrega. Por isso, os fluxos de trabalho e de materiais normalmente seguem uma sequência mais lógica de execução. Assim, a definição de processo apresentada anteriormente se encaixa bem.

No nível gerencial, o conceito de processo não estruturado corresponde a um processo de tomada de decisão que acontece entre gestor e equipe. Não existe um caminho único, e o caminho proposto pode ser rejeitado pela equipe ou cliente e alternativas podem ser apresentadas.

Ao contrário, os processos estruturados, como numa linha de produção ou procedimentos laboratoriais, seguem um protocolo (procedimento padrão) e devem seguir passo a passo o que foi previamente determinado pelo plano do projeto e regulamentações, por exemplo.

Para facilitar o entendimento da arquitetura de um processo, o mesmo pode ser decomposto em componentes menores, como atividades e tarefas dos níveis hierárquicos. Cada componente representa uma complexidade, um nível de detalhamento do que se tem para fazer e, ainda, um nível de responsabilidade, como num organograma organizacional, conforme ilustrado na figura 10.

Figura 10
Hierarquia de processos

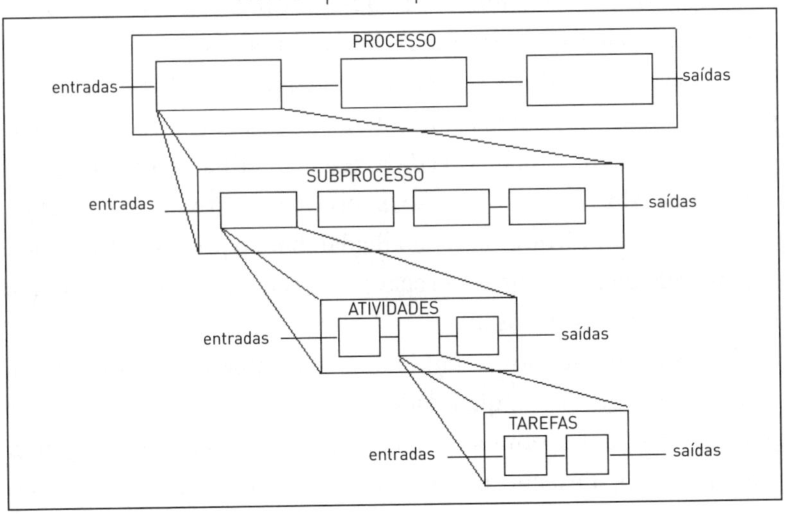

Fonte: Harrington (1993:34).

Esse desdobramento é realizado também para que possamos delegar aos especialistas o que lhes compete por sua formação e posicionamento na hierarquia organizacional, e assim melhor controlar as entregas, ou seja, o resultado do processo em questão (ver capítulo 5).

Para que possamos identificar se os processos de uma organização suportam suas estratégias de negócio, é importante termos uma visão global do processo, ou seja, uma visão de alto nível. Já nas fases de implantação de algo, ter uma visão das tarefas num nível mais operacional é fundamental.

Naturalmente, percebe-se que para cada nível de detalhamento deveria existir um colaborador adequadamente capacitado para implantação, manutenção e melhoria dos trabalhos e, portanto, são requeridos experiências e recursos adequados a tal complexidade.

Essa visão do nível mais alto ao mais operacional, ou seja, do macroprocesso à tarefa, facilita a visão de todo o caminho que um pedido ou necessidade deve percorrer, nas diversas hierarquias de uma organização, até que um resultado desejável seja entregue pelo processo ao cliente.

Dependendo do número de desdobramentos desejados, os nomes dos níveis ou hierarquias mudam, mas os conceitos de que para cada nível ainda existem insumos transformados em resultados, por meio de recursos e orientados por regras e planos, são os mesmos. Podemos apelidar cada nível de detalhamento, em geral, como: macroprocesso, processo, subprocesso, atividade e tarefa.

Antes de definirmos mais detalhadamente o processo "gerenciar a qualidade de um projeto", precisamos esclarecer o escopo do que pretendemos abordar aqui.

Neste livro, estamos tratando de gerenciamento de um projeto, neste caso, a gestão da qualidade aqui tratada diz respeito àquele período no qual estamos todos envolvidos desde a iniciação, o planejamento, a execução, o monitoramento e controle e ainda o encerramento do projeto.

O processo "gerenciar a qualidade" é amplo, como explicaremos a seguir, e incorpora também os conceitos da garantia dos processos. Contudo, neste capítulo não trataremos da garantia do pós-venda, aquela que muitos fornecedores nos prometem entregar para atestar a confiabilidade do que estamos adquirindo (produto). Comumente, esses fornecedores nos prometem, por meio de um documento de garantia do produto, que teremos direito ao estorno ou reembolso caso o produto não funcione conforme especificação descrita em manual ou contrato. Em outras palavras, garantia do produto acontece pós-entrega do projeto e garantia do processo durante a condução desse projeto (nosso escopo).

Na fase em que a equipe de projeto e demais *stakeholders* idealizam e finalmente entregam os resultados esperados, nossas preocupações são o produto que está sendo feito e se ele está em conformidade com um padrão adotado pela equipe e aprovado pelo *sponsor* e também pelo cliente e órgãos regulatórios. Resumindo, a garantia da qualidade aqui abordada está focada no processo.

Naturalmente, um processo bem planejado e gerenciado certamente nos levará à conformidade de um produto e às suas especificações garantidas no pós-entrega do projeto (pós-venda).

A garantia do(s) processo(s) necessário(s) para conclusão de um projeto é parte do escopo deste capítulo.

Gerenciamento da qualidade na prática

Vejamos uma definição apresentada na mais recente versão do Guia PMBOK:

> Gerenciar a qualidade tem uma definição mais ampla que garantir a qualidade já que é realizada em atividades que não são de projeto. [...] corresponde ao processo que transforma o plano de gestão da

qualidade em atividades executáveis que incorporem as políticas de qualidade da organização no projeto. Gerenciar a qualidade inclui todas as atividades de garantia da qualidade e também se preocupa com aspectos do projeto do produto e melhorias de processo [PMI, 2017:288].

É no plano da qualidade que definimos a organização interna da equipe do projeto, envolvendo, quando existente na organização, o departamento da qualidade na condução da gestão da qualidade do projeto.

Tal organização, muitas vezes, corresponde a uma simples definição de:

- quem faz a gestão da qualidade: o responsável;
- qual o cronograma de gestão da qualidade e respectivas atividades necessárias: analisar o processo, realizar auditoria de processo, entre outras;
- quais são as ferramentas de gestão da qualidade mais coerentes com a política e complexidade do projeto em questão;
- qual a periodicidade;
- quais os resultados esperados por esse processo de gestão da qualidade;
- como desempenhar o controle integrado de mudanças.

Gerenciar a qualidade: entradas

Em linhas gerais, desenvolvemos, enquanto equipe do projeto, um planejamento do gerenciamento da qualidade que determina (veja capítulo 3):

- quais são os padrões regulatórios relacionados ao segmento e à natureza do produto em questão, o que inclui as normas implantadas voluntariamente, como as ISOs da família 9000, por exemplo, que são escolhidas pela organização como diretriz e boa prática de gestão;

- quais são os padrões internos operacionais e de processo (POPs) e os administrativos (POAs), aqueles desenvolvidos pela própria empresa, conhecidos como procedimentos internos;
- quem é o responsável por gerenciar e controlar o cumprimento dos requisitos especificados no dicionário de cada entrega da estrutura analítica do projeto (EAP) para atender às necessidades dos clientes;
- quem é o responsável por gerenciar os aspectos relacionados ao projeto do produto e as melhorias de processo.

A estrutura analítica de processo (EAP) é a base de todo bom planejamento de projeto. Ao planejarmos o processo "gerenciar a qualidade", componente do plano do gerenciamento da qualidade, devemos contemplar os seguintes passos:

- passo 1: saber quais são as entregas do projeto: decomposição da EAP;
- passo 2: definir qual critério será adotado para aceitar cada entrega da EAP segundo as diretrizes estratégicas, o interesse do cliente, obedecendo a questões regulatórias;
- passo 3: definir quais padrões, normas, planos, procedimentos internos, leis devem ser adotados em cada entrega da EAP, projetos relacionados a cada parte do produto;
- passo 4: definir quem realizará a garantia da qualidade dos processos inerentes à implementação de cada entrega da EAP em questão, quando e com que periodicidade o fará;
- passo 5: verificar, supervisionar, acompanhar, segundo o planejamento da garantia da qualidade, todos os processos

operacionais, de gerenciamento, legais, entre tantos outros, que devem ser verificados e acompanhados sempre que necessário para garantir conformidade desses processos com os padrões estabelecidos, além de verificar o alinhamento dos requisitos aos aspectos de projeto do produto;

- passo 6: auditar todos os processos operacionais, de gerenciamento, legais, entre tantos outros, sempre que necessária uma maior formalização, para assim garantir conformidade com os planejamentos e padrões estabelecidos.

Para garantir a qualidade, cada equipe deve considerar a natureza e complexidade do projeto em que está envolvida e definir quais as informações necessárias (entradas) para executar o processo "gerenciar a qualidade" e obter as orientações (controle) e os relatórios (saídas) necessários para manter uma padronização e, o mais importante, buscar a melhoria contínua dos processos demandados pelos projetos. Não esquecer que a equipe de projeto deve ser capacitada segundo os padrões definidos (controle), conforme ilustrado na figura 9.

Para que a gerência da qualidade seja alcançada da melhor forma, segundo o Guia PMBOK (PMI, 2017), nossa referência para este livro, sugerimos o uso de algumas ferramentas como: análise de processo (quinto passo acima descrito), auditoria (sexto passo) e os resultados das ferramentas de controle da qualidade (descritas no capítulo 5).

As boas práticas em gerenciamento de projetos descritas no Guia PMBOK (PMI, 2017) para gerenciar a qualidade de um projeto sugerem o levantamento de alguns insumos (entradas) para gerarmos alguns produtos (saídas) com auxílio de algumas ferramentas, conforme sintetizado no quadro 5.

Quadro 5
Processo: gerenciar a qualidade

Entradas	Ferramentas e técnicas	Saídas

• Plano de gerenciamento do projeto
  • Plano do gerenciamento da qualidade
• Documentos do projeto
  • Registro de lições aprendidas
  • Medidas de controle da qualidade
  • Métricas da qualidade
  • Relatório de riscos
• Ativos de processos organizacionais
	• Coleta de dados
	  • *Check list*
	• Análise de dados
	  • Análise de alternativa
	  • Análise de documentos
	  • Análise de processo
	  • Análise de causa e efeito
	• Tomada de decisão
	  • Análise de decisão multicritério
	• Representação de dados
	  • Diagrama de afinidades
	  • Diagrama de causa e efeito
	  • Fluxograma
	  • Histograma
	  • Diagrama matrix
	  • Diagrama de dispersão
	• Auditoria
	• Projeto por experimentos
	• Resolução de problemas
	• Métodos de melhoria da qualidade
		• Relatório de qualidade
		• Documentos de testes e avaliação
		• Solicitação de mudanças
		• Atualizações do plano de gerenciamento do projeto
		  • Plano de gerenciamento da qualidade
		  • Linha de base de escopo
		  • Linha de base de tempo
		  • Linha de base de custo
		• Atualizações dos documentos do projeto
		  • *Log* de questões
		  • Registro de lições aprendidas
		  • Registro de riscos

Fonte: adaptado de Guia PMBOK (2017).

O uso das boas práticas implica um investimento. Tal investimento, que a literatura denomina "custo da qualidade" (Juran, 1995) é fundamental para prevenir e reduzir os danosos custos da falta da qualidade de um projeto, como: reclamação, perda de imagem, atraso no projeto, retrabalho.

O custo da qualidade é maior ou menor, dependendo do padrão de qualidade exigido e do desvio aceitável definido pelo cliente e especificado no plano de gerenciamento da qualidade do projeto.

A figura 11 mostra que a partir do ponto de equilíbrio, ali ilustrado, o custo da prevenção fica tão alto que inviabiliza o projeto. Em outras palavras, a contínua redução de falhas talvez não adicione valor para o cliente, pois pode, por exemplo, impactar outra dimensão da qualidade, como o preço que ele está disposto a pagar pelo resultado do projeto.

Essa decisão é estratégica; o "negócio" define o quanto vale investir na prevenção da qualidade do projeto. Esse ponto (decisão), ilustrado na figura 11, retrata justamente uma decisão da organização quanto ao padrão de qualidade a ser entregue ao cliente, de forma a atender sua necessidade. Caso contrário, o investimento em qualidade será em vão.

Figura 11
Custo total da qualidade

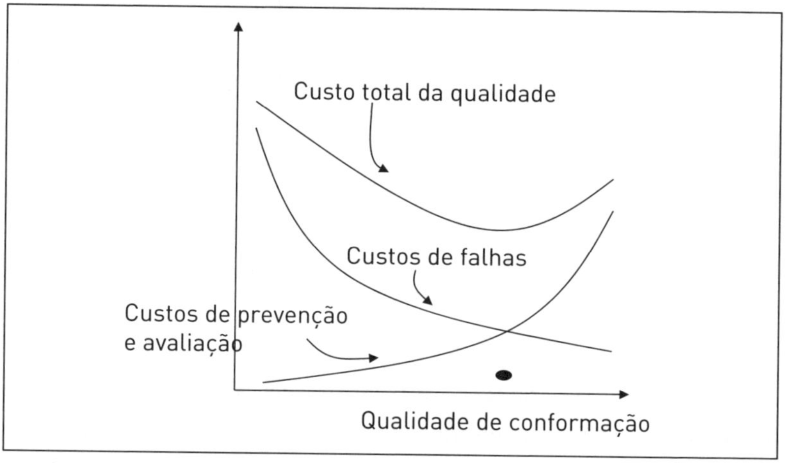

Fonte: Kirkpatrick (1970).

Se o ponto de equilíbrio da figura 11 representa uma decisão para o negócio do quanto vale a pena investir na qualidade, devemos saber escolher, segundo uso e necessidade do projeto (*taylor made*), somente os processos, ferramentas e técnicas do Guia PMBOK (PMI, 2017) adequados à natureza e complexidade do projeto em análise. Caso contrário, corre-se o risco de ficar caro e inapropriado o planejamento da qualidade.

Por meio do caso fictício apresentado a seguir, sugerimos a você, leitor, uma reflexão.

Por exemplo: você faria uma auditoria num projeto cuja duração é de quatro semanas, orçamento aprovado de apenas R$ 10 mil, equipe envolvida no projeto de três pessoas e baixo impacto no negócio?

Decisão: acreditamos que não, pois uma auditoria demanda recursos, tempo, esforço e capital para organizá-la e executá-la. Nesse caso, acreditamos que uma simples análise de processo atenderia à demanda, por garantir a conformidade do processo ao planejamento do projeto.

Essa mesma análise também é válida para o grau de detalhamento e esforço necessários para o levantamento e geração das entradas e saídas.

A boa prática apresenta os processos e ferramentas e você cria uma metodologia para gerenciamento do seu projeto dentro do contexto de maturidade em gerenciamento de projetos da sua empresa e de sua estratégia.

As informações coletadas ou geradas pela garantia da qualidade do projeto podem ser mais ou menos complexas, dependendo do valor que adicionem ao projeto, para assim garantir a conformidade "do que está sendo feito" (o processo) com os padrões adotados pelo projeto para atender as necessidades do cliente, cumprindo as exigências regulatórias.

As seções a seguir detalham o significado e a importância das entradas, ferramentas e saídas propostas pelo Guia PMBOK (PMI, 2017).

Entradas

O processo "gerenciar a qualidade" do projeto possui diversas entradas, como veremos a seguir.

Plano de gerenciamento do projeto

No capítulo 3, apresentamos como podemos executar o planejamento da qualidade num projeto. O plano da qualidade, assim como o plano de melhoria dos processos, deve estar contido no plano de gerenciamento do projeto, e nele deve-se estabelecer a forma como serão realizadas a gestão e a garantia da qualidade no projeto. Isso definirá como o processo de gerência da qualidade deverá ser feito ao longo do projeto e quais os passos que devem ser seguidos para melhorar os processos uma vez identificadas, pela garantia, não conformidades ou mesmo oportunidades de melhoria.

Documentos do projeto

Os documentos relacionados ao projeto são de vital importância para seu sucesso e para obtenção da melhoria contínua. São eles:

- registro das lições aprendidas – todo conhecimento gerado ao longo do projeto que possa ser usado para alcançar maior eficiência e eficácia no gerenciamento da qualidade;
- medidas de controle da qualidade – as medições do controle da qualidade devem ser realizadas, documentadas e divulgadas de acordo com os padrões estabelecidos no projeto. Tais medidas expressam os resultados reais de cada fase ou, ainda, do encerramento do projeto. Elas devem subsidiar o gestor do projeto a realizar o processo de garantia da qualidade, de forma a propiciar o acompanhamento contínuo do projeto por meio de uma gestão baseada em fatos e dados;
- relatório de riscos – gera importante análise para identificar as fontes dos riscos e, assim, melhor gerenciar os processos e mitigar exposição aos riscos;

- métricas da qualidade – as métricas da qualidade definem as medições que serão realizadas ao longo do projeto para avaliar o desempenho de produto e de processo e, assim, garantir conformidade do processo aos padrões estabelecidos. Se o produto é, por exemplo, "aula ministrada", os resultados das métricas típicas do projeto que deram origem a esse produto são:
  a) *índice de desempenho do processo (ID)*. Exemplo: % de atendimento da solicitação de aluno no prazo;
  b) *índice de qualidade do produto (IQ)*. Exemplo: índice satisfação com a aula ministrada.

O índice de desempenho de produto é derivado das especificações de requisitos de cliente. Já o índice de desempenho de processo é levantado a partir de verificações informais (análises) e ou formais (auditorias) de processo que servem para orientar os tomadores de decisão sobre quais rumos tomar, conforme ilustrado na figura 12.

Figura 12
Origem e destino dos indicadores de produto e processo

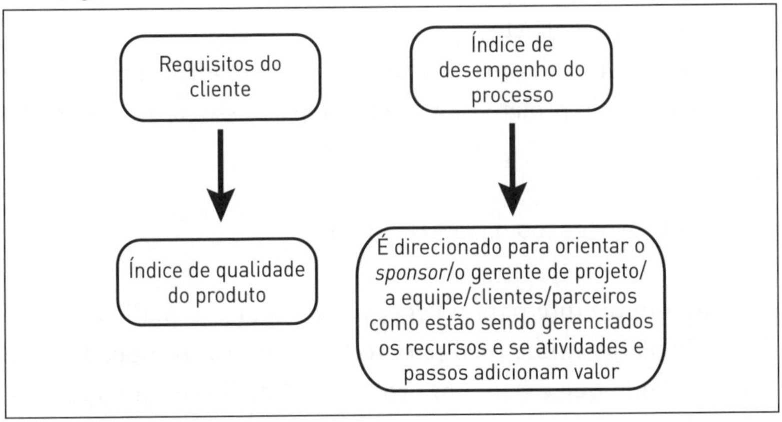

Fonte: PMI (2017).

Indicadores de desempenho

Gerenciar um processo é fazer com que, a qualquer momento, ele cumpra os requisitos do cliente. Se não se pode medir, não se pode controlar, analisar e gerenciar, sem mencionar o mais importante: melhorar e aprender (Falconi, 2009).

Os indicadores de desempenho são instrumentos indispensáveis para monitoramento e avaliação dos processos do projeto executado.

Para suportar as análises de processos ou mesmo as auditorias, informações sobre o desempenho do trabalho são fundamentais. O julgamento quanto ao desempenho do projeto envolve a comparação do nível de desempenho atual com o passado (histórico) e seu alvo (futuro). E ainda, podemos comparar com os padrões de desempenho da concorrência (*benchmarking*) ou os absolutos (teóricos) afirmam Slack, Harrison e Johnston (1997). Para isso é necessário:

- quantificar as expectativas dos clientes;
- avaliar a necessidade de efetuar medições técnicas de desempenho;
- medir o comportamento atual do processo e o *status* das entregas da EAP;
- medir periodicamente o progresso no cumprimento do prazo e custo do projeto, por exemplo, para assegurar o controle.

Ativos dos processos organizacionais

Insumo importante para o processo gerenciar a qualidade, pois é referência organizacional para todas as tratativas específicas de projeto. Tudo que é feito em prol dos resultados do projeto deve estar alinhado às diretrizes, políticas, procedimentos e normas usados pela organização.

Gerenciar a qualidade: ferramentas e técnicas

As ferramentas sugeridas para o processo gerenciar a qualidade procuram dar um indicativo de como analisar um processo em busca de melhorias. Procuramos descrever a seguir as principais ferramentas que poderão auxiliar ao longo do gerenciamento de um projeto:

- coleta de dados;
- análise de dados;
- tomada de decisão;
- representação de dados;
- auditoria;
- projeto por experimento;
- resolução de problemas;
- métodos de melhoria da qualidade.

Todas as ferramentas e técnicas de planejamento da qualidade têm por objetivo nos auxiliar, de forma estruturada, a levantar parâmetros que nos levem a investigar as não conformidades do processo. Ferramentas como histograma, diagrama de dispersão, de causa e efeito, fluxograma, uma vez analisadas pela equipe do projeto, podem nos auxiliar a organizar dados sobre o processo e processar as informações para posterior priorização e tomada de decisão.

Ferramentas como auditoria e análise de processo são essenciais para nos ajudar a verificar a conformidade dos processos com os procedimentos padrão, ou, se for o caso, a identificar por que o procedimento padrão não mais atende as necessidades e deve ser revisados (ciclo PDCA), para manter o processo no trilho e garantir que resultados atendam as necessidades.

Auditorias da qualidade

A auditoria é uma ferramenta da qualidade que busca a identificação das conformidades do processo com padrões estabelecidos no plano da qualidade do projeto. É realizada de forma estruturada: pesquisa prévia do processo em análise, elaboração de um questionário, agendamento de uma entrevista com o auditado, coleta de fatos e dados e, finalmente, geração de um relatório de auditoria posteriormente formalizado para equipe do projeto. É fundamental que a auditoria seja realizada de forma independente, ou seja, não pode haver vínculos do auditor com o projeto em questão, embora, para Rita Mulcahy (2005), o gerente de projetos possa até realizar auditoria no seu projeto se não existir, em sua organização, um departamento ou área de garantia da qualidade.

Segundo o Guia PMBOK (PMI, 2017), o papel da auditoria da qualidade é o de verificar se as atividades do projeto estão de acordo com as políticas, padrões e procedimentos da organização executora. A auditoria da qualidade é estruturada e independente. É importante não perdermos de vista o poder dessa ferramenta para a construção de lições aprendidas do projeto, que podem auxiliar a organização executora na melhoria do seu desempenho geral.

Já segundo a ISO 19011 (ABNT, 2002:1), a auditoria corresponde a um "processo sistemático, documentado e independente para obter evidências e avaliá-las objetivamente, determinando a extensão na qual os critérios de auditoria são atendidos", assim como a conformidade do processo, objeto da auditoria, a um padrão estabelecido para o projeto, conforme adaptação do texto da ISO 19011. Para realizar uma auditoria da qualidade, é recomendável a utilização da norma ISO 9001 (ABNT, 2015), que explicita que um programa de auditoria deve ser estruturado e planejado levando em consideração a situação e a importância dos processos e áreas, com respectivos responsáveis, a serem auditadas, bem como os resultados registrados de auditorias anteriores. Segundo Ishikawa (1990), as auditorias devem ser usadas para promover a qualidade e não para inspeção do produto.

As auditorias podem ser internas ou externas, e classificadas em três partes. Vejamos:

- primeira parte: são as auditorias internas, realizadas por uma estrutura da própria organização;
- segunda parte: são as realizadas pela organização executora do projeto em algum fornecedor;
- terceira parte: são as realizadas por alguma organização externa e independente com objetivo de certificação.

Análise do processo

É uma ferramenta realizada por qualquer membro da equipe com alguma responsabilidade quanto à entrega de uma fase ou do produto. Até que este marco (uma data de entrega descrita no cronograma de execução) seja alcançado, o responsável deve verificar continuamente se o que está sendo feito (o processo) está em conformidade com o plano do projeto (os procedimentos descritos para o projeto) e, ainda, segundo as políticas e normas adotadas pela organização executora.

Essa análise busca também a identificação das disfunções, restrições e atividades redundantes para que análises de causa e efeito, seguidas de planos de melhoria, possam ser elaboradas pela equipe em prol do melhoramento contínuo do processo, aumentando, assim, a probabilidade de sucesso na entrega da fase ou do projeto.

Ao fazer uma correlação com a operação de uma empresa, verifica-se que o responsável pela análise de processo possui o mesmo papel do supervisor ou do gerente que acompanha sua equipe, verificando o que estão fazendo, orientando e garantindo que o caminho seguido levará todos ao resultado desejado e planejado.

A ISO 10006 (ABNT 2006) define que o resultado desejado é atingido de forma mais eficiente quando as atividades e os recursos relacionados forem gerenciados como um processo.

Gerenciar a qualidade: saídas

O processo "gerenciar a qualidade" do projeto possui diversas saídas que, certamente, contribuíram para as lições aprendidas e, posteriormente, para a correção dos desvios de processo do projeto e organizacionais, buscando sempre a melhoria contínua (ABNT NBR ISO 10006). As saídas do processo "gerenciar a qualidade" são:

- relatório da qualidade – essas informações vêm dos fornecedores do processo "gerenciar a qualidade" e podem ajudar a tomar as necessárias ações corretivas para alcançar as expectativas de qualidade do projeto;
- documentos de testes e avaliação – como o processo "gerenciar a qualidade" incorpora alguns aspectos do projeto, os testes realizados podem alimentar o processo de "controle da qualidade" para as devidas ações corretivas;
- solicitações de mudanças: uma vez identificadas oportunidades de melhoria ou não conformidades de processo, é comum que mudanças sejam solicitadas. Na sequência, as mudanças devem ser analisadas e implantadas após análise integrada das mesmas com outros fatores que podem impactar o projeto;
- atualizações do plano de gerenciamento do projeto – alguns documentos específicos do projeto devem ser atualizados assim que aprovadas as mudanças solicitadas, para garantir que o plano de gerenciamento da qualidade, assim como as

linhas de base de escopo, tempo e custos estejam sempre atualizadas.

- atualizações dos documentos de projeto – o resultado do processo "gerenciar a qualidade" levará a equipe a um aprendizado que, certamente, poderá contribuir para o desenvolvimento da organização. Nesse sentido, a lição aprendida gerada servirá como parâmetro de mudança e atualização, em menor ou maior grau, do patrimônio intelectual da organização: políticas, padrões e planejamentos estratégicos. O *log* de questões assim como o registro de lições aprendidas geradas durante o processo de identificação de conformidades podem nos levar à identificação da melhor forma de se fazer algo. Tal aprendizado levará à atualização do plano de gerenciamento de projeto.

Entendido o escopo do processo "gerenciar a qualidade" e seu contexto, podemos afirmar que nossos projetos terão maior êxito se considerarmos a importância da gestão eficaz dos "processos", da análise contínua das mudanças no projeto do produto e da busca pela melhoria. Em outras palavras, se planejarmos como conduzir esses "processos", monitorá-los de forma organizada e estruturada, sem burocracias e se prontamente atuarmos nas causas dos efeitos indesejáveis desses processos e do projeto do produto, certamente os resultados eficazes virão.

Na gestão da qualidade, devemos considerar que projetos, por serem únicos, devem ser tratados de forma singular. Naturalmente, todas as variáveis de projeto devem ser levadas em conta ao planejar a gestão da qualidade e definir o modelo de gestão e ferramentas que atendam a natureza e complexidade do projeto (*taylor made*), e a busca do comprometimento de cada *stakeholder* é importante para que possamos investir nosso tempo planejando algo factível e controlado (adequado ao uso).

Os métodos ágeis foram considerados na versão 2017 do Guia PMBOK por auxiliarem a equipe de projetos na mitigação de riscos, já que o guia propõe uma revisão mais frequente dos processos, divide o projeto em ciclos (*sprints*), em que partes menores são planejadas, executadas e testadas antes do próximo *sprint*, diminuindo assim detalhamentos na documentação, riscos e planejamentos desnecessários, com mais possibilidade de serem modificados por maior que seja a distância entre planejamento e sua execução.

Outra questão importante antes de encerrarmos este capítulo refere-se ao esclarecimento sobre as diferenças entre a garantia da qualidade (um tópico do processo gerenciar a qualidade – capítulo 4) e o processo controlar a qualidade (abordado no capítulo 5). Resumindo, a garantia e o controle da qualidade são definições que estão fortemente relacionadas. A diferença é realmente sutil para se perceber e, sem experiência, é fácil confundir os conceitos. Vamos aos exemplos que os distinguem:

- garantia trata da prevenção, controle, da correção;
- garantia se preocupa com o processo: "como é feito", controle cuida do produto: "o que foi feito";
- controle nasce da garantia, assim como garantia nasce do controle. Os dois processos se completam.

Ao caminhar na operação, serviços ou manufatura, observamos, buscamos *feedbacks*, trocamos ideias, verificamos como tudo está sendo feito – a isso chamamos de garantir o processo no dia a dia, aliás, responsabilidade típica dos gestores. Pode ser que ao verificarmos esses processos identifiquemos muitas conformidades e algumas não conformidades segundo um padrão adotado naquele período. Se identificarmos uma não conformidade no processo, trataremos logo de corrigi-las. Aí entra o controle atuando nos processos não conformes. Agir sobre as causas e determinar um plano de ação são funções nossas para continuamente desenvolvermos nossos processos.

Por outro lado, temos uma situação em que, dentro de um cronograma da qualidade, definimos marcos nos quais é importante uma inspeção, uma medição, ou seja, um controle dos produtos de cada fase do projeto (a ser tratado com detalhes no capítulo a seguir). Pode ser que ao inspecionarmos esse produto identifiquemos que está conforme, ou não! Se identificarmos uma não conformidade com relação ao que foi especificado, trataremos logo de corrigi-la. Em seguida, nosso papel é entender o que levou nosso produto a ser entregue fora da especificação. Então nos voltamos para análise das causas nos processos que geraram esse produto não conforme. Qual parte do processo está falha ou não está clara?

A partir da análise do "processo" ou "produto", devemos identificar a causa essencial geradora da não conformidade e tratá-la. Por isso sugerimos paciência, além de muito trabalho e comprometimento com o que você faz. Muitas vezes, não é fácil identificar nos processos as causas geradoras dos efeitos indesejáveis (não conformidades). Mas coragem: mudança de atitude de cima para baixo e de baixo para cima, confrontando a questão, é a única saída de efeito mais duradouro.

Chega de caça às bruxas e bruxos para se encontrar um culpado. Vamos caçar onde estão os processos ambíguos e mal descritos, os programas de capacitação engavetados, as especificações incompletas, mal definidas ou pior, não definidas de forma alguma.

No próximo capítulo, serão abordados os conceitos de controle da qualidade e ainda como atuar nas causas indesejáveis, apresentando métodos e ferramentas, além de experiências que fizeram a diferença na construção de uma cultura de resolução mais rápida e eficaz dos efeitos indesejáveis. Com os métodos de controles apresentados a seguir, esperamos confirmar que os processos anteriormente descritos, se corretamente planejados e gerenciados, serão capazes de entregar um maior índice de produtos/resultados dentro das especificações que realmente atendam os anseios dos *stakeholders* envolvidos no projeto, em especial, os colaboradores e clientes.

5
Realizar o controle da qualidade

Neste capítulo, leitor, iremos apresentar o processo de controle da qualidade, suas entradas, ferramentas e técnicas, e suas saídas.

É importante observar que neste capítulo serão abordados dois temas críticos para a qualidade de todo o projeto: as ferramentas da qualidade, que podem ser utilizadas em todos os outros processos, e o mecanismo das inspeções das entregas, vital para a validação e verificação dos requisitos acordados com os *stakeholders*.

Conceitos e aplicação

O processo de controle deve ser entendido como de alta relevância pela gerência do projeto e partes interessadas. Sua amplitude é vasta, podendo ser realizado em diversas áreas de conhecimento. O controle da qualidade permite:

- a implementação de ações preventivas e corretivas;
- a redução de desvios das linhas-base do projeto e demais parâmetros estabelecidos;
- a avaliação da aplicação dos recursos do projeto durante sua execução;
- a formalização e a integração das informações do projeto facilitando o processo de tomada de decisão de forma holística;

- garantir a qualidade da gestão do projeto e do seu produto final.

Destacamos aqui que uma das grandes possibilidades do controle é ser elemento de gatilho de ações devido às conclusões geradas por ele e pela garantia da qualidade do projeto. Estabelecendo um senso de gestão na equipe, o controle adequado permite tomada de decisões relevantes ao projeto com base em fatos e dados.

Porém, ressaltamos, caro leitor, que o controle deve ser um processo de apoio ao gestor. Alguns cuidados devem ser tomados de forma a:

- evitar o engessamento das atividades devido ao controle excessivo;
- não impactar os custos do projeto sem que haja um motivo relevante. Lembre-se: as atividades de controle também são custos da qualidade;
- não fazer do controle um elemento de acusações, rivalidade ou apontamento de falhas individuais junto à equipe do projeto. Deve ser, sim, utilizado de forma focada no processo e não nas pessoas diretamente;
- enfraquecer ou perder a disciplina do controle ao longo do projeto. O registro e o acompanhamento das informações devem ser permanentes ao longo do projeto.

Estabelecer um processo de controle da qualidade é tarefa primordial do gerente do projeto. Conforme falamos no capítulo anterior, o controle da qualidade é o mais relevante *input* para que a garantia da qualidade se estabeleça ao longo do projeto. A implantação do controle da qualidade deve ser realizada com objetivos claros.

Conceito de controle da qualidade

A atividade de controle é um processo rotineiro e faz parte do cotidiano da nossa sociedade. Por exemplo: controlamos nossas despesas mensalmente, ficamos atentos ao nível de combustível que nosso veículo possui, mantemos nossa agenda atualizada de forma a controlar nossos compromissos em datas e horários, entre outras questões do nosso dia a dia. Ou seja, utilizamos o controle em nossas vidas para verificar se estamos dentro dos padrões esperados ou estabelecidos por nós. Um fato interessante a ser observado é que quando nos falta controle, normalmente temos problemas, pois fica evidente que fugimos a esses padrões.

Embora rotineiro, o processo de controle possui desafios intensos a quem o executa. O primeiro passo, para quem deseja realizar o controle, é ter a capacidade de medir, mensurar, entender aquilo que ocorre. Segundo Chiavenato e Cerqueira Neto (2003), a medição sempre foi um desafio para os seres humanos, mas o fato é que medir pode ser entendido como a comparação com padrões estabelecidos. E é justamente por meio da medição, do monitoramento e da comparação entre os níveis atuais e os padrões estabelecidos que temos então o controle. Conforme Deming (1950), o gerenciamento, para ser corretamente realizado, deve se basear em dados e medições. Essas medições precisam ser definidas e entendidas. O sucesso de uma gestão eficaz depende disso.

O controle deve ser útil para o gerenciamento. Pode parecer simples, mas não é. Muitas organizações monitoram seus padrões de desempenho, registrando seus resultados e controlando a evolução dos mesmos. Isso é ótimo, pois demonstra que possuem a capacidade de medir e controlar seu desempenho. Porém o fato de ter controle não significa que desempenhem bem o papel de gerenciamento da qualidade por meio dele. Exemplo: determinada empresa realizou uma pesquisa de satisfação de clientes e conquistou uma evolução de 5% em relação ao período anterior. Houve uma grande comemoração por terem conquistado um índice de 90% de satisfação de clientes. Seus executivos entendem que chegaram ao ápice e não conseguem entender que ainda têm 10% de clientes insatisfeitos. Nesse caso, repare leitor, existe o controle, mas não há um gerenciamento da qualidade orientado para a excelência.

Para Falconi (2009:45), a existência de normas que regem os sistemas de garantia da qualidade não é suficiente para o bom gerenciamento das funções organizacionais. Se assim fosse, não haveria problemas de qualidade e clientes insatisfeitos. Segundo ele, "a dificuldade é humana e não de falta de regulamento".

Oliveira (2009:26) ressalta que a melhor maneira de obter a melhoria contínua numa organização é "monitorando, avaliando e melhorando o desempenho organizacional de todos os departamentos, de todas as equipes de trabalho e de todas as pessoas".

Segundo a norma ISO 9001:2015, é fundamental que uma organização implemente os processos de controle, medição e análise de forma a:

a) cumprir com os requisitos do produto, incluindo quando forem adquiridos e incorporados serviços e insumos externos à organização;
b) assegurar a conformidade do sistema da qualidade;
c) melhorar continuamente a eficácia do sistema de gestão;
d) dar rastreabilidade ao processo por meio de informação documentada e organizada.

Aplicação do controle da qualidade

O controle da qualidade visa ao monitoramento da execução do projeto de forma a possibilitar a garantia da qualidade do gerenciamento do projeto e a conformidade do seu produto final. Sendo assim, o controle se estabelece na medida em que fazemos uso de padrões almejados (metas), os quais são comparados com o desempenho obtido, por meio de métricas (indicadores de desempenho) estabelecidas pela equipe do projeto. Caberá ao controle da qualidade definir os limites de tolerância para variações aceitáveis entre os padrões almejados *versus* os resultados alcançados.

Entre os controles mais utilizados no gerenciamento de projetos, temos como exemplos:

- controle de escopo;
- controle do cronograma;
- controle do custo do projeto.

Podemos entender que um gerenciamento eficiente do projeto ocorre quando os desvios dos controles são os menores possíveis.

Controlar a qualidade: entradas

Os principais aspectos relacionados ao controle da qualidade do projeto estão relacionados no quadro 6.

Quadro 6
Controle da qualidade do projeto

Entradas	Definição de papéis	Saídas
• Plano de gerenciamento de entregas • Plano de gerenciamento da qualidade • Manual do projeto • Plano de trabalho do projeto	• Responsável: gerente do projeto • Suporte: gerente de negócios • Aprova: provedor de soluções	• Revisão das listas de verificação • Relatórios de auditoria • Revisão dos *check lists* da qualidade • Revisão dos relatórios da qualidade

Fonte: PMBOK (2017).

O processo de controle da qualidade do projeto possui diversas entradas:

- Plano de gerenciamento da aceitação de entregas – Define e documenta a abordagem de aceitação das entregas, atividades, responsabilidades e critérios de aceitação junto com os níveis de tolerância e rigor de aceitação. As *check lists* do projeto devem estar embasados em critérios (requisitos) que sejam relevantes para as partes interessadas.
- Plano de gerenciamento da qualidade – Estabelece os requisitos de qualidade do projeto, a abordagem de gerenciamento de qualidade, processos e responsabilidades para o projeto. Ele deve descrever as atividades de controle e garantia de qualidade que serão realizadas ao longo do projeto.
- Manual do projeto – No capítulo 3, abordamos como podemos executar o planejamento da qualidade em um projeto. O plano da qualidade deve estar contido no manual (guia) do projeto. Nele deve-se estabelecer a forma como será realizado o controle da qualidade no projeto. Este documento estabelece a abordagem de nível estratégico do projeto para implementar os objetivos do projeto.
- Plano de trabalho do projeto – Identifica e organiza o projeto em atividades, tarefas e pacotes de trabalho necessários para atingir os objetivos do projeto. Ele estabelece uma base para estimar a duração do projeto, determinar os recursos necessários e agendar o trabalho. O desdobramento das atividades facilita o entendimento do trabalho a ser executado, bem como, os instrumentos de controle, prevenção e reação a possíveis riscos e falhas em suas entregas.

Controlar a qualidade: saídas

As saídas do controle da qualidade estão relacionadas aos seguintes aspectos:

- Revisão das listas de verificação – As revisões das listas de verificação devem ser realizadas para garantir que a metodologia e questões previamente analisadas e aprovadas estejam dentro das especificações e padrões de conformidade do produto final e do projeto em vigor.
- Relatórios de auditoria – Os relatórios de auditoria permitem o alinhamento entre os processos de controle e de garantia da qualidade. Enquanto o relatório de auditoria visa demonstrar os padrões de conformidade e de não conformidade do projeto, o processo de controle permitirá identificar o cumprimento dos itens constantes do relatório, garantindo assim que informações, requisitos, atualizações, documentações, entre outros, estejam de acordo com as expectativas.
- Revisão das *check lists* da qualidade – A revisão das *check lists* tornam-se relevantes na medida em que são acompanhadas pela geração de lições aprendidas e, também, porque são importantes *inputs* de lições aprendidas no projeto.
- Revisão dos relatórios da qualidade – A revisão dos relatórios da qualidade devem ser entendidas como um processo não apenas de controle, mas também como aprendizagem e melhoria contínua. Segundo a sexta edição do PMBOK (PMI, 2017), a gestão da qualidade visa assegurar que o projeto atual atinja os resultados esperados da maneira mais eficiente e que estejam de acordo com normas e padrões setoriais e governamentais, de forma a assegurar que as entregas serão aceitas pelas partes interessadas relevantes.

A seguir, destacamos algumas ferramentas que podem lhe ser úteis para o processo de gerenciamento da qualidade do projeto.

Controlar a qualidade: ferramentas e técnicas

As ferramentas da qualidade possuem bastante aderência e correlação com as demandas de um gerente de projeto, contemplando o melhor gerenciamento e controle de suas rotinas, propiciando, assim, a melhoria contínua também. Procuramos descrever a seguir as principais ferramentas que poderão auxiliá-lo ao longo do gerenciamento de um projeto.

Diagrama de causa e efeito

Também conhecido como diagrama espinha de peixe ou de Ishikawa, trata-se de um diagrama em que podemos aprofundar a análise, permitindo uma visão amplificada de diversos fatores envolvidos no processo, facilitando a visualização das causas dos problemas e os efeitos que produzem. O apelido "espinha de peixe" vem da similaridade do formato do diagrama com o esqueleto de um peixe, dividido da seguinte forma:

- *cabeça* → problema ou efeito indesejado.
- *espinhas* → categorias ou principais causas. Representa os principais grupos de fatores relacionados com o efeito;
- *estrias das espinhas* → causas potenciais que, dentro de uma categoria (espinha), podem contribuir com o efeito.

Veja a figura 13, que busca ilustrar tal diagrama.

Figura 13

Exemplo de diagrama espinha de peixe

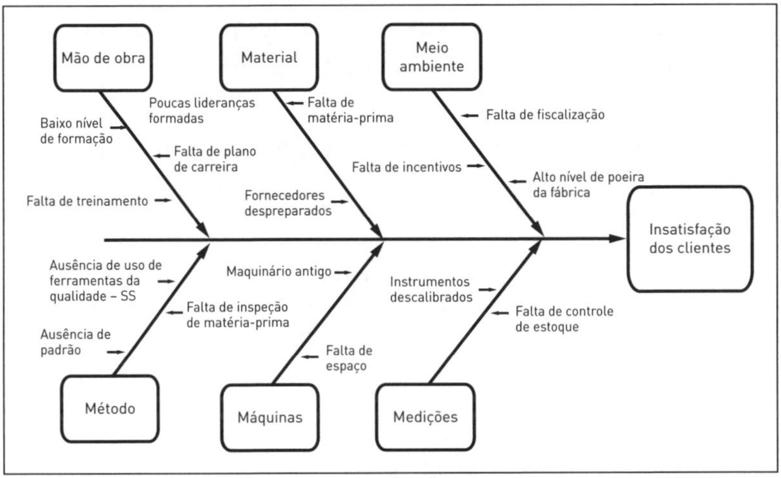

Histograma

O histograma é um gráfico de barras que permite verificar a distribuição dos dados que ocorre dentro de um determinado processo, com o objetivo de análise e posterior solução. Isso permite a análise estatística do momento dos dados e eventos que ocorrem com mais ou menos frequência. Dados mostrados em histogramas tornam os itens mais claros, colaborando para a solução de problemas. São eles:

- entendimento da distribuição dos dados;
- comparações com padrões;
- comparações entre itens estratificados;
- cálculo dos valores médios e desvio padrão.

Os dados são dispostos em:

- classes – cada barra (exemplo: dias de internação);

- amplitude – intervalo entre os limites de uma classe (exemplo: um dia);
- frequência – número de observações pertencentes a uma dada classe (exemplo: número de internações).

O exemplo ilustrado na figura 14 demonstra a distribuição da variação da duração das internações num hospital.

Figura 14
Histograma de duração das internações hospitalares

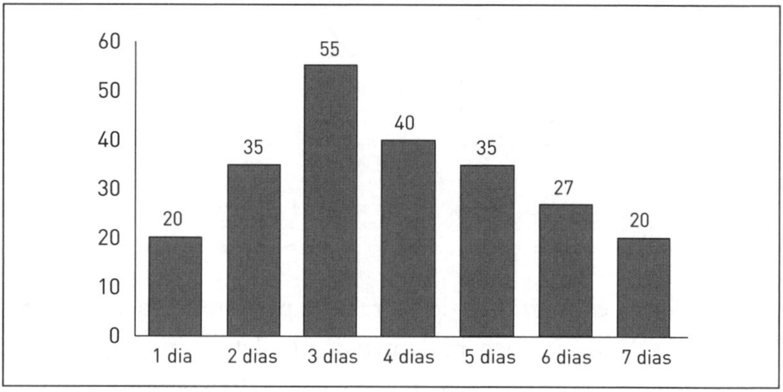

Diagrama de Pareto

O diagrama de Pareto é utilizado para estabelecer uma ordenação nas causas que devem ser sanadas. Ele ordena as frequências das ocorrências da maior para a menor e permite a localização de problemas ou questões vitais. Estabelece prioridades, mostra em que ordem os problemas devem ser resolvidos, possibilitando foco na análise das questões mais relevantes. Baseia-se na técnica criada pelo economista Vilfredo Pareto, no século XIX, o qual detectou em seus estudos que grande parte da riqueza da sociedade estava concentrada nas mãos de poucos cidadãos. Tornou-se conhecida, então, a regra 80/20.

- Concentre-se em poucas e vitais causas (20%) e assim você resolverá grande parte do efeito indesejado (80%).
- Pouco vitais → representam um pequeno número de problemas, mas que resultam em grandes impactos, grandes perdas para a empresa.
- Muito triviais → representam um grande número de problemas, mas que resultam em perdas pouco significativas.

A figura 15 é um exemplo da utilização do gráfico de Pareto por uma empresa de vendas pela internet, que estava com vários problemas de entrega de produtos em sua operação. Repare que, nesse exemplo, 80% dos problemas da empresa estão concentrados em duas questões: atraso nas entregas e falta de produto. Logo, concentrar-se em "poucos e vitais", poderá ajudar a empresa a resolver 80% dos problemas da sua operação.

Figura 15

Problemas na operação de entrega dos pedidos

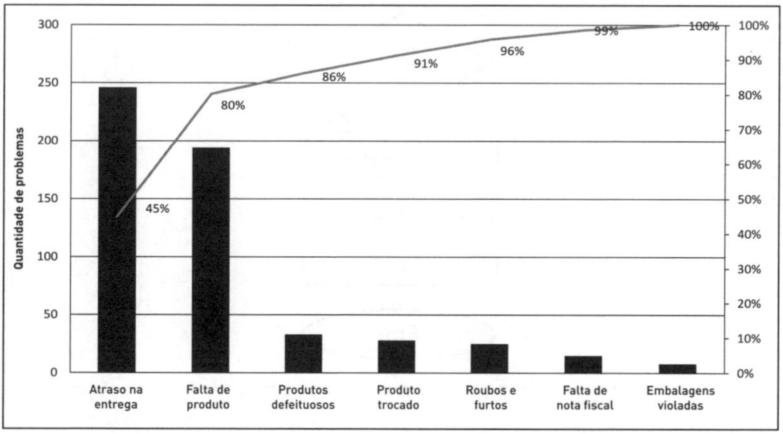

Fluxograma

A ferramenta do fluxograma auxilia os gestores, por meio da representação gráfica de um processo, a entendê-lo, melhorá-lo e padronizá-lo. Existe uma nomenclatura padrão para o fluxograma, a qual deve ser respeitada em sua representação gráfica.

A seguir, temos, na figura 16, o exemplo de um fluxograma.

Figura 16
Exemplo de fluxograma

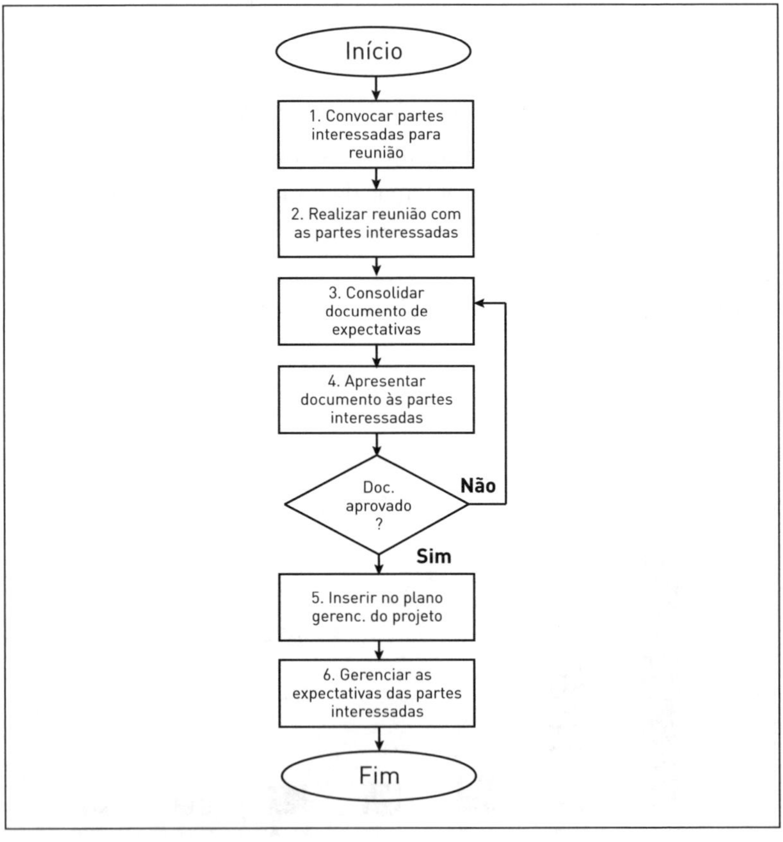

Gráfico de controle

É uma ferramenta utilizada para verificar se um processo está dentro dos limites de variação estabelecidos para ele, permitindo, assim, os ajustes necessários. Essa ferramenta, ilustrada na figura 17, é muito utilizada para monitoramento de processos, o que permite avaliar as causas mais frequentes ou especiais que fazem o processo variar além dos limites estabelecidos.

Figura 17
Gráfico de controle

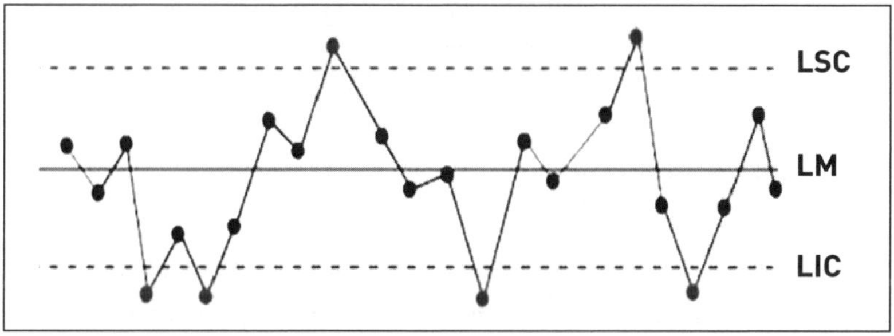

Gráfico de execução

Os gráficos de execução permitem a avaliação do histórico, da evolução e da variação das atividades executadas em determinado período. Por meio de análises de tendências, pode-se verificar o nível de performance de uma determinada atividade ao longo do tempo, possibilitando ao gestor a tomada de decisão. Veja a figura 18.

Figura 18
Gráfico de execução

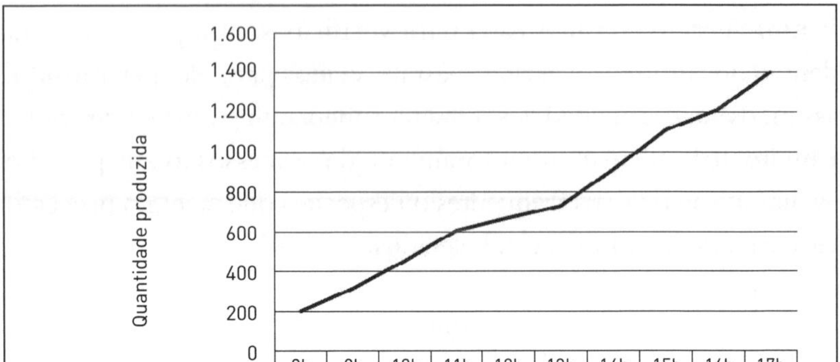

	8h	9h	10h	11h	12h	13h	14h	15h	16h	17h
Quantidade produzida	200	315	450	605	670	730	910	1.110	1.210	1.400

Diagrama de dispersão

O diagrama de dispersão permite a verificação do grau de correlação entre duas variáveis, permitindo, assim, que a equipe da qualidade possa verificar o quanto uma variável influencia a outra, ou seja, verificar uma possível relação de causa e efeito. Há situações em que as relações são positivas (A), neutras (B) ou negativas (C). Quando a relação for neutra, significa que as variáveis não têm poder de impacto uma sobre a outra. Veja, por ilustração, a figura 19.

Figura 19
Diagrama de dispersão

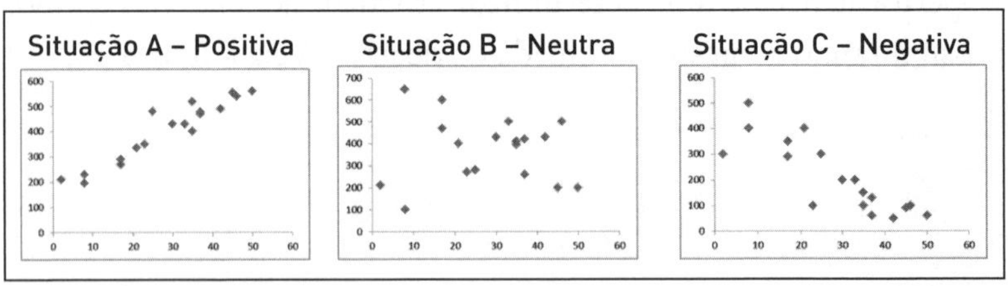

Folhas de verificação

As folhas de verificação têm como objetivo o controle da qualidade por meio da quantificação e categorização de eventos, permitindo ao gestor, após a coleta dos dados, a leitura e o entendimento da distribuição das ocorrências de um determinado evento na operação de um projeto ou processo. As folhas permitem quantificar eventos segundo as perspectivas de o que está ocorrendo, qual a frequência, onde ocorre e com quem ocorre.

Quadro 7

Exemplo de folha de verificação

Ocorrências com fornecedores	Semana 1	Semana 2	Semana 3	Semana 4	Total
Atraso na entrega	III	II	II	I	**6**
Qualidade do produto	II	II	III	IIII	**11**
Segurança do trabalho	I	III	I	I	**6**
Faltas	IIII	I	II	–	**7**
Indisciplinas	–	–	II	I	**3**
Total	**10**	**8**	**10**	**7**	

Outras ferramentas da qualidade

A seguir, listamos outras ferramentas da qualidade cuja utilização em projetos pode ser bastante útil. Iniciaremos nossa análise com a utilização de diversos tipos de diagramas.

Diagrama de afinidade

O diagrama de afinidade é utilizado para o agrupamento de questões, assuntos, ideias ou mesmo entregas de um projeto. Sua utilização é recomendada quando os assuntos são dispersos e complexos, cabendo ao diagrama o agrupamento dessas questões mediante atributos ou objetivos comuns entre eles.

Processo de decisão chart program *(PDPC* – process decision program charts*)*

O PDCP é utilizado para se estabelecer os passos necessários para se alcançar um determinado objetivo, sendo que, juntamente com sua representação gráfica, identifica-se a falha que pode ocorrer (módulo de falha), os efeitos da falha e as medidas que devem ser adotadas contingencialmente, caso ocorram. Veja a figura 20.

Figura 20
Exemplo de PDPC

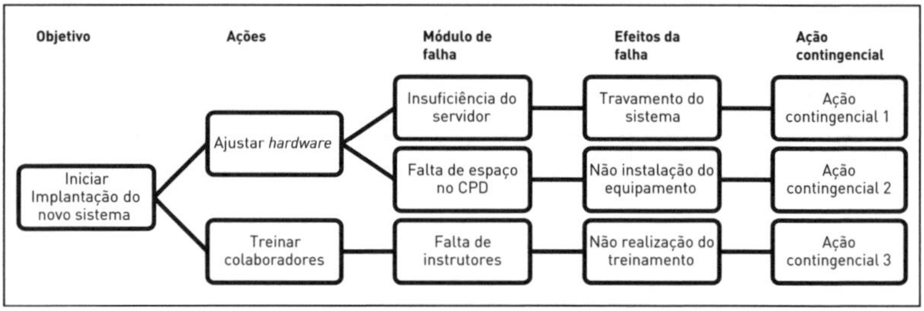

Diagramas de relacionamento

Os diagramas de relacionamento propiciam ao gestor verificar o grau de relação entre as atividades, sugerindo relações de predecessão e, principalmente, de interdependência das atividades. Por meio dele, o gestor pode verificar o encadeamento das ações ou tarefas, interligando-as numa estrutura lógica.

Diagrama de árvore

O diagrama de árvore é bastante utilizado para a ramificação de ações que levam a um determinado objetivo. Como exemplos comuns de utilização de digramas de árvore em projetos, temos a EAP (estrutura analítica do projeto) e a EAR (estrutura analítica de riscos).

Diagrama de rede

Um diagrama de rede consiste na representação gráfica de atividades de um projeto e a relação de predecessão entre elas. Entre os diagramas de rede mais utilizados, temos as técnicas de PERT (*program evaluation and review technique*), CPM (*critical method path*) e diagrama de precedência.

Diagrama matricial

O diagrama matricial auxilia a avaliar o grau de interação/intensidade e relacionamento entre fatores, causas, objetivos, requisitos, requerimentos, entre outros, permitindo ao gestor verificar a correlação entre as variáveis analisadas. O exemplo abaixo revela o grau de correlação entre requerimentos (voz do cliente) e requisitos técnicos de um produto (voz da manufatura) no projeto de um veículo automotivo.

Figura 21

Exemplo de diagrama matricial: correlação entre requerimentos e requisitos (projeto automóvel)

Requisitos

Requerimentos

Requerimentos/ Requisitos	Motorização	*Design*	Espaço interno	Acessórios
Velocidade	○	□		△
Arrojo	○	○		□
Modernidade	□	○		○
Conforto		○	○	△

Forte ○ Médio □ Fraca △

Amostragem

O conceito de amostragem é usualmente utilizado pela qualidade no processo de inspeção, no qual, por meio da determinação de uma amostra, temos a representação de um universo que deve ser analisado. O tamanho da amostra deve ser considerado no planejamento da qualidade no projeto e dependerá de fatores como intervalo de confiança desejado, recursos financeiros disponíveis, maturidade da equipe, grau de exigência do cliente, tempo, entre outros.

Inspeção

O processo de inspeção visa verificar se um produto ou resultado de um trabalho está de acordo com especificações técnicas. Segundo a NBR 5425:1985 (Guia para Inspeção por Amostragem no Controle e Certificação de Qualidade), as principais funções da inspeção são:

- separar produtos aceitáveis dos não aceitáveis;
- avaliar o grau de conformidade com os requisitos estabelecidos;
- propiciar comunicação exata apontando deficiências às partes interessadas no processo;
- assegurar que os requisitos da qualidade foram atendidos.

5W2H

Essa ferramenta é utilizada na elaboração de planos de ação, pois facilita a definição de responsabilidades, métodos, prazos, objetivos e recursos necessários para cada um deles. A tradução da sigla significa:

- *What* → o que → tarefas que devem ser realizadas;
- *Who* → quem → responsáveis pelas tarefas;
- *When* → quando → cronograma dos prazos em que as tarefas deverão ser cumpridas;
- *Where* → onde → em que local as tarefas serão realizadas;
- *Why* → por que → razão pela qual as tarefas serão executadas;
- *How* → como → melhor maneira de executar as tarefas;
- *How much* → custo → quais serão os custos para realizar as tarefas.

Veja um exemplo no quadro 8.

Quadro 8
Exemplo de 5W2H

What **O que**	***Who*** **Quem**	***When*** **Quando**	***Where*** **Onde**	***Why*** **Por que**	***How*** **Como**	***How much*** **Quanto**
Realizar testes de protótipo.	João B. Departamento Manufatura – Ramal 1234.	Até 10/nov/xx	No laboratório de testes da empresa, em São Paulo.	Devido ao alto índice de quebras de outros produtos da linha, queremos prevenir problemas.	Por meio da comparação de dados mercadológicos e da contratação de uma consultoria, iremos buscar alto padrão de eficiência no produto.	$ 100 mil unidades monetárias.

Vimos, neste capítulo, que o controle da qualidade assume destacada importância no gerenciamento de um projeto, visto que permite a comparação com os padrões estabelecidos no plano do projeto.

O controle só é possível se tivermos a capacidade de medir o desempenho do projeto. Por isso, ele é desafiador, na medida em que exige disciplina na medição do desempenho do trabalho realizado, que será comparado com os padrões almejados (metas).

O controle da qualidade é o principal *input* para se garantir a qualidade do gerenciamento do projeto e do produto final deste. As principais funções do controle da qualidade do projeto podem ser consolidadas em:

- medição e registro do desempenho;
- atualização de documentações;
- validação de entregas.

Conclusões

Pode-se falar sobre a melhoria contínua, sistemática e metódica, que é o fator primordial para aumento do nível de maturidade em projetos e para acúmulo das lições aprendidas. Pode-se, ainda, mostrar que o gerenciamento da qualidade é ter qualidade em todas as outras áreas de conhecimento do projeto e também na gestão do produto, formando com isso um conceito central do papel que o gerenciamento da qualidade desempenha no gerenciamento de projetos.

Gerenciar a qualidade é planejar, controlar e melhorar a qualidade da empresa. Segundo o Guia PMBOK (2017), o gerenciamento da qualidade tem como um de seus princípios básicos que a qualidade deve ser planejada, projetada e incorporada.

Um plano de gerência de qualidade deverá especificar como a equipe do projeto irá implementar sua política de qualidade. Se a empresa já tem uma política de qualidade, esta deve ser a base inicial para o planejamento da qualidade do projeto. Esse plano deve ser dirigido para o controle, a garantia e a melhoria da qualidade.

A implantação de um programa de qualidade em uma organização começa pela definição e implantação de um processo de *software*. Esse processo deve estar documentado e deve ser compreendido, seguido, gerenciado, medido e melhorado. Vários programas de qualidade foram criados e desenvolvidos com esse objetivo, entre os quais podemos destacar a série de normas ISO 9000, CMM e Software Process Improvement and Capability Determination (SPICE).

Na garantia da qualidade em projetos descrita neste livro, percebemos que os projetos terão êxito se considerada a importância dos processos a eles relacionados. Existe uma diferença entre garantia da qualidade e controle da qualidade que estão relacionados. Relembrando essas diferenças:

- garantia trata da prevenção e controle trata da correção;
- garantia se preocupa com o processo, o "como é feito"; controle cuida do produto, "o que foi feito";
- controle nasce da garantia, assim como garantia nasce do controle. Os dois processos se completam.

O sistema de qualidade depende das pessoas que o definem e o atualizam, dos objetivos da organização e de suas práticas gerenciais. Há, entretanto, um conjunto de elementos dos sistemas da qualidade que, pela prática, mostrou-se como um conjunto mínimo adequado à elaboração de um referencial inicial para a construção do sistema da qualidade de qualquer empresa. Esses elementos compõem a série ISO 9000. No entanto, não é finalidade de nenhuma norma da série ISO 9000 padronizar sistemas da qualidade implementados pelas organizações.

O processo "planejar a qualidade" envolve identificar quais padrões de qualidade são relevantes para o projeto e determinar como satisfazê-los. É um dos processos-chave facilitadores durante o planejamento do projeto e deve ser executado regular e paralelamente aos outros processos do planejamento do projeto.

Não se pode considerar a qualidade como um simples resultado a ser alcançado, mas sua busca precisa ser constante e contínua. Um gerenciamento de qualidade leva em conta todas as variáveis, para atender as necessidades do projeto e do produto. O ideal da qualidade, ao qual se refere este livro, está relacionado com a obtenção de metas específicas que projetem a empresa para um patamar superior, oferecendo, assim, a oportunidade para que haja uma vantagem dessa empresa em relação a sua concorrência.

A busca pela qualidade precisa ser uma preocupação efetiva, processual e constante, utilizando as técnicas e ferramentas mais eficazes e modernas para que haja maior facilidade e agilidade no processo. O processo de gerenciamento da qualidade, descrito no Guia PMBOK (2017), deve servir como base para a realização do gerenciamento do projeto, assim como servir de referência para o trabalho das empresas que desejam não apenas sua manutenção no mercado, mas buscam oferecer excelência e alcançar novos níveis de satisfação e produção.

Referências

ASSOCIAÇÃO BRASILEIRA DE NORMAS TÉCNICAS (ABNT). *NBR 5425:1985*. Guia para inspeção por amostragem no controle e certificação de qualidade – Versão Corrigida. Rio de Janeiro: ABNT, 1989.

_____. *NBR ISO 19011:2012*. Diretrizes para auditoria de sistemas de gestão. Rio de Janeiro: ABNT, 2002.

_____. *NBR ISO 10006:2006*. Sistemas de gestão da qualidade. Diretrizes para gestão da qualidade em empreendimentos. Rio de Janeiro: ABNT, 2006.

_____. *NBR ISO 10005:2007*. Sistemas de gestão da qualidade: Diretrizes para planos da qualidade. Rio de Janeiro: ABNT, 2007.

_____. *NBR ISO 9001*: 2008. Sistema de gerenciamento da qualidade. Rio de Janeiro: ABNT, 2008.

_____. *NBR ISO 21500:2012*. Orientações de gerenciamento de projetos. Rio de Janeiro: ABNT, 2012.

_____. *NBR ISO 9001:2015*. Sistemas da qualidade – Requisitos. Rio de Janeiro, 2015.

ANSOFF, Igor. *Corporate strategy*: an analytic approach to business policy for growth and expansion. Nova York: McGraw-Hill, 1965.

CARVALHO, A. J. G. F. *Barreiras e facilitadores para o aprimoramento da qualidade*. Tese (mestrado) – Coppe, Universidade Federal do Rio de Janeiro, Rio de Janeiro, 1991.

CAMP, Robert C. *Benchmarking dos processos de negócios*. Rio de Janeiro: Qualitymark, 1996.

CHIAVENATO, I.; CERQUEIRA NETO, E. P. de. *Administração estratégica*: em busca do desempenho superior – uma abordagem além do Balanced Scorecard. São Paulo: Saraiva, 2003.

DÁVALLOS, Ricardo V. *Modelagem de processos*. Palhoça: Unisul Virtual, 2010.

DEMING, W. E. *Qualidade*: *a revolução da administração*. Rio de Janeiro: Marques Saraiva, 1990.

DESCOBERTA promete revolucionar a história da evolução humana. *Veja*. Ed. online. Caderno Ciência. Disponível em: <http://veja.abril.com.br/noticia/ciencia/descoberta-reescreve-a-historia-da-evolucao-humana>. Acesso em: 12 ago. 2010.

DRUCKER, Peter. *Managing for results*: economic tasks and risk-taking decisions. Nova York: Harper & Row, 1964.

FALCONI, Vicente. *O verdadeiro poder*. Nova Lima: INDG, 2009.

FEIGENBAUM, Armand V. *Total quality control*. Nova York: McGraw-Hill, 2004.

FREEMAN, R. Edward. *Strategic management*: a stakeholder approach. Boston: Pitman, 1984.

GARVIN, David A. *Gerenciando a qualidade*: a visão estratégica e competitiva. Rio de Janeiro: Qualitymark, 2002.

GONÇALVES, Jorge E. L. As empresas são grandes coleções de processos. *Revista de Administração de Empresas*, São Paulo, v. 40, n. 1, p. 6-19, jan./mar. 2000.

HANZHANG, Tao. *A arte da guerra*. São Paulo: Saraiva, 2010.

HARRINGTON, H. J. *Aperfeiçoando processos empresariais*. São Paulo: Makron Books, 1993.

HAUSER, Arnold. *História social da arte e da literatura*. São Paulo: Martins Fontes, 2000.

IMAI, Masaaki. *Kaizen*: estratégia para o sucesso competitivo. São Paulo: Iman, 1999.

ISHIKAWA, Kaoru. *Introduction to quality control*. Nova York: Productivity Press, 1990.

JURAN, Joseph M. *Quality control handbook*. 3. ed. Nova York: McGraw-Hill, 1979.

_____. *Juran na liderança pela qualidade*: um guia para executivos. 2. ed. São Paulo: Pioneira, 1993.

_____. *Managerial breakthrough*. Nova York: McGraw-Hill, 1995.

_____. *A qualidade desde o projeto*: os novos passos para o planejamento da qualidade em produtos e serviços. 3. ed. São Paulo: Pioneira, 1997.

_____. *A qualidade desde o projeto*. São Paulo: Cengage, 2009.

KIRKPATRICK, Elwood G. *Quality control for managers and engineers*. Nova York: Wiley, 1970.

LOVELOCK, Christopher; WRIGHT, Lauren. *Serviços*: marketing e gestão. São Paulo: Saraiva, 2002.

MORRIS, Daniel; BRANDON, Joel. *Reengenharia*: reestruturando sua empresa. São Paulo: Makron, 1994.

MULCAHY, Rita. *PMP Exam Preparation*. Minneapolis: RMC Project Management, 2005.

OLIVEIRA, Saulo. *Gestão por processos*: fundamentos, técnicas e modelos de implementação. Rio de Janeiro: Qualitymark, 2009.

PACKARD, Thomas. From total quality management in the social services: theory and practice. In: GUMMER, Burton; MCCALLION, Philip (ed.). *Total quality management in the social services*: theory and practice. Albany, NY: Rockefeller College Press, 1995; Rio de Janeiro: Campus, 1995.

PROJECT MANAGEMENT INSTITUTE (PMI). *PMI Network*. ed. jul. 2005. Trad. Rodrigo Fernandes. Disponível em: <www.passeidireto.com/arquivo/24647373/artigo1-pmnetwork-julho2005>. Acesso em: 5 jul. 2018.

_____. *PMBOK*: um guia do conjunto de conhecimentos em gerenciamento de projetos. 6. ed. Newtown Square, PA: PMI, 2017.

RADFORD, George Stanley. *The control quality in of manufacturing*. Nova York: Associated Press, 1922.

ROCHA, Ângela; CHRISTENSEN, Carl. *Marketing*: teoria e prática no Brasil. São Paulo: Atlas, 1995.

SHEWHART, Walter. *Economic control of quality of manufactured product*. Nova York: Courier Dover Publications, 1931.

_____. *Statistical method from the viewpoint of quality control*. Nova York: Courier Dover Publications, 1939.

SLACK, N.; HARRISON, A.; JOHNSTON, R. *Administração da produção*. São Paulo: Atlas, 1999.

SMITH, Adam. *A riqueza das nações*: investigação sobre sua natureza e suas causas. 4. ed. Lisboa: Calouste Gulbenkian, 1999. [1776]

SPILLER, Eduardo et al. *Gestão de serviços e marketing interno*. 3. ed. Rio de Janeiro: FGV Ed., 2006.

STONER, James A. F.; FREEMAN, R. Edward. *Administração*. Rio de Janeiro: LTC, 1999.

TAYLOR, Frederich. *Princípios de administração científica*. São Paulo: Atlas, 2009. [1911]

TZU, Sun. *A arte da guerra (544 – 450 a.C.)*. São Paulo: Martins Fontes, 2006.

WADLOW, Thomas A. *Segurança de redes*: projeto e gerenciamento de redes seguras. Rio de Janeiro: Campus, 2000.

WALTON, Mary. *Método Deming na prática*. Rio de Janeiro: Campus, 1999.

WILLIAMS, Richard. *Como implementar a qualidade total na sua empresa*. Rio de Janeiro: Qualitymark, 1995.

ZEITHAML, Valarie. A.; BERRY, L. Leonard; PARASURAMAN, A. Chicago, *Journal of Marketing*, v. 49, p. 41-50, 1985.

Apêndices

A – Plano de gerenciamento da qualidade: etapas e modelos

Elabore o plano de gerenciamento da qualidade do seu projeto seguindo as etapas abaixo. Se preferir, utilize as sugestões de modelos apresentadas ao longo das etapas a seguir.

1. *Cabeçalho e rodapé* – Elaborar o cabeçalho e o rodapé do plano de gerenciamento da qualidade do projeto.

<table>
<tr><td rowspan="2">LOGO</td><td colspan="4">Nome da organização e/ou do projeto
FUNDAÇÃO GETULIO VARGAS</td><td>Revisão
00</td></tr>
<tr><td>Código
PL 08.01</td><td colspan="3">Título do documento
PLANO DE GERENCIAMENTO DA QUALIDADE</td><td>Página
de ##</td></tr>
<tr><td colspan="2">Elaboração
DD / MM / AAAA</td><td>Análise crítica
DD / MM / AAAA</td><td>Aprovação
DD / MM / AAAA</td><td colspan="2">Implementação
DD / MM / AAAA</td></tr>
<tr><td colspan="2">Responsável
Nome e assinatura</td><td>Responsável
Nome e assinatura</td><td>Responsável
Nome e assinatura</td><td colspan="2">Responsável
Nome e assinatura</td></tr>
</table>

O rodapé normalmente contém as instruções ou informações sobre sigilo, direitos ou outra política do projeto, assim como apresenta o caminho ou arquivamento do documento e/ou do arquivo eletrônico. Exemplo:

Documento de uso exclusivo da ORGANIZAÇÃO XYZ, telefone: +55 (DDD) TTTT-TTTT, e-mail: XYZ@provedor.com.br, sendo proibida sua utilização, reprodução e divulgação sem a prévia autorização formal da ORGANIZAÇÃO XYZ (Registro RRR.RRR-RR). Todos os direitos reservados (ISBN RRR-RR-RRR-RRRR-R). A reprodução não autorizada deste documento, no todo ou em parte, constitui violação do *copyright* (Lei nº 9.610/1998).

2. *Objetivo e aplicação* – Elaborar o objetivo e a aplicação deste documento. Veja a seguir uma sugestão de texto baseado no item 8.1.3.1 do PMBOK (2017): "*O objetivo deste plano é implementar da política da qualidade do projeto XYZ, por meio dos processos de garantia da qualidade e de controle da qualidade e promover a melhoria contínua dos processos de sua gestão e de realização do seu produto*".
3. *Responsabilidade e autoridades* – Determinar o responsável por todas as atividades descritas neste plano e listar as delegações de autoridades para a execução, controle e melhorias nas atividades específicas da qualidade da gestão do projeto e da qualidade da realização do produto, como procedimentos sistêmicos e operacionais, entre outras referências.
4. *Termos e siglas* – Listar todos os termos técnicos e siglas contidos neste plano e defini-los de modo que todos compreendam seus significados e alinhem seu entendimento, inclusive considerando pessoal externo ao projeto.
5. *Referências* – Determinar as referências internas e externas ao projeto, tais como: referências específicas da área de aplicação do projeto e do produto; exigências específicas (ativos e definições operacionais) de *stakeholders*; regulamentações de agências governamentais (Anac, Aneel, Anatel etc.); de órgãos públicos (federais, estaduais e municipais); de associações de indústria e

comércio (Abrinq, Abras, Senai, Senac, Sebrae etc.); de prêmios e certificações setoriais, regionais e nacionais (PNQ, PBQP-H, prêmio MPE etc.), além dos organismos comuns de elaboração de normas, auditoria e certificação, como: Inmetro, ABNT, ISO, IEC etc. Algumas sugestões:

- ISO 9001 – SGQ – Requisitos;
- ISO 9004 – SGQ – Melhoria do desempenho;
- ISO 14001 – SGA – Requisitos;
- ISO 16001 – Responsabilidade social (SA 8000);
- ISO 26000 – Responsabilidade social (SA 8000);
- OHSAS 18001 – SSO – Segurança e saúde ocupacional;
- ISO 10005 – SGQ – Diretrizes para planos da qualidade;
- ISO 10006 – SGQ – Gerenciamento da qualidade em projetos;
- FNQ – Critérios de Excelência do PNQ;
- OPM3 – Organizational Project Management Maturity Model;
- CMMI – Capability Maturity Model Integrated;
- ITIL – Information Technology Infrastructure Library;
- COBIT – Governance, Control and Audit for Information and Related Technology.

As referências internas normalmente são determinadas pela documentação do projeto e seus níveis de hierarquia de documentos, que normalmente se divide em:

- *primeiro nível* – manual da gestão do projeto com referência aos planos de projeto por área de conhecimento;
- *segundo nível* – procedimentos sistêmicos e procedimentos gerenciais;
- *terceiro nível* – procedimentos operacionais, procedimentos de indicadores, instruções de trabalho, plantas, desenhos, fórmulas etc.

Os registros (atas, formulários, listas de verificação etc.) são considerados no terceiro nível, apesar de serem de uma natureza peculiar, pois funcionam como evidências objetivas.

De forma geral, todos os procedimentos sistêmicos de segundo nível são detalhados em um ou mais procedimentos operacionais de terceiro nível, conhecidos por várias denominações e siglas: PO (procedimentos operacionais), POP (procedimentos operacionais padrão), IT (instruções de trabalho), PR (procedimentos), PI (procedimentos de indicadores) etc.

Código	**Título e descrição**	**Autoridade**
PS – 08.01.01	1. Responsabilidade da direção	
PS – 08.01.02	2. Documentação e registros	
PS – XX.YY.ZZ	3. Comunicação com o cliente	
PS – XX.YY.ZZ	4. Aquisição	
PS – XX.YY.ZZ	5. Gestão de recursos	
PS – 08.01.03	6. Análise crítica	
PS – 08.01.04	7. Projeto e desenvolvimento	
PS – 08.02.05	8. Realização do produto	
PO – 08.02.01	• *Título de procedimento operacional de produto*	
PO – 08.02.02	• *Título de procedimento operacional de produto*	
PS – 08.01.ZZ	9. Identificação e rastreabilidade	
PS – 08.01.ZZ	10. Propriedade do cliente	
PS – 08.01.ZZ	11. Armazenamento e manuseio	
PS – 08.01.ZZ	12. Não conformidade	
PS – 08.01.ZZ	13. Monitoramento e medição	
PS – 08.01.ZZ	14. Equipamento de medição e testes	
PS – 08.01.ZZ	15. Auditorias	
PS – 08.01.ZZ	16. Realimentação e melhoria	

6. *Ativos de processos* – Listar os principais ativos de processo que podem ser utilizados como premissas, restrições ou mesmo informações relevantes para a execução do mesmo. Exemplos:

- políticas, procedimentos e diretrizes organizacionais de qualidade;
- banco de dados históricos;
- lições aprendidas de projetos anteriores.

7. *Política da qualidade* – Adotar a política da qualidade da organização no projeto ou elaborar uma política da qualidade para o projeto. Em ambos os casos, a política da qualidade deve ser aprovada e endossada pela alta direção do projeto ou pela direção da organização em que o projeto é realizado. Uma política da qualidade é composta pelos compromissos da organização do projeto para com os *stakeholders*, descritos em um texto de fácil compreensão. Incluir o compromisso com a "melhoria contínua dos processos de gestão do projeto e com os processos de realização do produto". Incluir também os compromissos com a excelência na gestão do projeto, com a responsabilidade social, com o meio ambiente e com a segurança e saúde ocupacional, se adequado. Exemplo de uma política da qualidade: *O projeto XYZ tem como compromisso a busca da excelência em sua gestão. Para isso, buscará formar parcerias com seus fornecedores, gerando valor para o cliente e a sociedade. A gestão do projeto irá promover programas de capacitação e desenvolvimento de seus colaboradores, de modo a alcançarem maior empregabilidade no mercado. Iremos prover resultados sustentáveis para nossos acionistas, parceiros, clientes e colaboradores. "A melhoria contínua dos processos de gestão e do produto deverá ser perseguida de forma sistemática e metódica de forma a gerar lições aprendidas para a equipe do projeto. O meio ambiente, a sustentabilidade e a responsabilidade social serão considerados assuntos vitais para o desempenho deste projeto".*
8. *Objetivos e métricas* – Determinar os objetivos e métricas da qualidade e incluí-las no plano de gerenciamento da qualidade do projeto. Os objetivos da qualidade podem ser quantitativos ou

qualitativos, relativos ao projeto ou ao produto, mas, independentemente do tipo, devem ser mensuráveis por meio de métricas.

Objetivos Metas e tolerâncias	Métricas Procedimento do indicador
1.	
2.	

9. *WBS/EAP* – Descrever a WBS (*work breakdown structure*) ou EAP (estrutura analítica do projeto) contemplando todas as suas fases e suas entregas, por etapas.

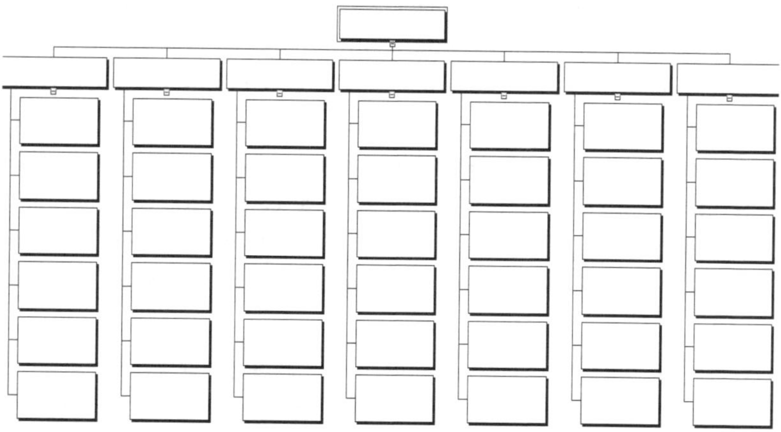

10. *Expectativas das partes interessadas* – Identificar as partes interessadas e suas principais expectativas.

Partes interessadas	Expectativas
1. Acionistas	
2. Fornecedores	
3. Colaboradores	
4. Clientes	
5. Sociedade	

11. *Linha de base do desempenho de custos* – Elaborar a linha de base de desempenho de custos.

Custos	Fase 1	Fase 2	Fase 3	Fase 4	Fase 5
1.					
2.					

12. *Linha de base de desempenho do tempo* – Elaborar a linha de base do desempenho do tempo, realizada por meio do acompanhamento do cronograma.

Período	Fase 1	Fase 2	Fase 3	Fase 4	Fase 5
1.					
2.					

13. *Custos da qualidade* – Registrar os possíveis custos da qualidade do projeto (custos da conformidade e custos da não conformidade).
    a. *Custos da conformidade:*
        - *Prevenção* – Exemplos: realizar os treinamentos, elaborar a documentação dos processos, disponibilizar os equipamentos, tempo para executar do modo correto.
        - *Avaliação* – Exemplos: auditorias, testes, perda de teste destrutivo, inspeções.
    b. *Custos da não qualidade:*
        - *Falha interna* – Exemplos: retrabalho, descartes, segregação, reclassificação.
        - *Falha externa* – Exemplos: *recall*, ações judiciais.

Custos da qualidade	Fase de aplicação	Investimento ($)	Motivo

14. *Registro dos riscos* – Elaborar o registro dos riscos por fases do projeto.
    a. O registro dos riscos contém as informações sobre as ameaças e oportunidades que podem afetar os requisitos de qualidade.
    b. Registrar as ações preventivas relativas aos riscos do projeto.

Fase:	
Risco identificado	**Ação preventiva**
1.	
2.	

15. *Indicadores de desempenho* – Determinar os indicadores de desempenho por área de conhecimento. Determinar os indicadores de desempenho indicando:
    a. Área de conhecimento relativa à medição (AC).
    b. Nome do indicador (IND).
    c. Procedimento do indicador com sua fórmula de cálculo (PI).
    d. Meta do indicador (MI).
    e. Resultado atual (RA).
    f. Meta × Resultado Atual (*Gap*).
    g. Lições aprendidas (LA).

AC	IND	PI	MI	RA	*Gap*	LA

16. *Critérios de saída* – Determinar os critérios de saída por fases do projeto.
    a. Faça a descrição do projeto, as principais entregas do projeto e os critérios de aceitação do projeto e do produto final do projeto.
    b. Informe os detalhes de questões técnicas e outras preocupações que podem afetar o planejamento da qualidade.

c. Descreva fatores ambientais que podem afetar seu projeto, na forma de oportunidades e ameaças ao projeto.
d. *Phase gates.*
e. *Check list.*

Fase:		
Critérios de saída	**Aprovado**	**Reprovado**
1.		
2.		

B – Auditoria da qualidade: modelos sugeridos

Plano de auditoria da qualidade				
Projeto:		**Data:**	**Página:**	**Revisão**
Atividades	**Indicadores**	**Auditor**		**Periodicidade**
1.				
2.				

Lista de verificação de auditoria da qualidade				
Data:	Departamento	Área/setor:		Relatório:
Auditor líder:		Setor:		
Auditor:		Setor:		
Auditado:		Função		
Processo ou atividade auditada:		Cliente do auditado:		
Item	**Perguntas**	**NC**	**MNO**	**Registro**
Observações:				
Data:	Assinatura do auditado		Assinatura do auditor	

<table>
<tr><th colspan="5">Relatório final de auditoria da qualidade</th></tr>
<tr><td colspan="2">Projeto</td><td>Data:</td><td>Página:</td><td>Revisão</td></tr>
<tr><td colspan="2">Responsável pela elaboração:</td><td colspan="3">Gerente do projeto:</td></tr>
<tr><td>Fase do projeto:</td><td>Status do projeto:</td><td colspan="2">Data da auditoria:</td><td>Nº da auditoria</td></tr>
<tr><td colspan="5">Escopo da auditoria (processo ou atividade auditada):</td></tr>
<tr><td colspan="2">Meta/objetivo da auditoria:</td><td colspan="3">Avaliação</td></tr>
<tr><td colspan="2">Comentário do auditor:</td><td colspan="3">Ações recomendadas pelo auditado:</td></tr>
<tr><td colspan="2">Meta/objetivo da auditoria:</td><td colspan="3">Avaliação</td></tr>
<tr><td colspan="2">Comentário do auditor:</td><td colspan="3">Ações recomendadas pelo auditado:</td></tr>
<tr><td colspan="2">Meta/objetivo da auditoria:</td><td colspan="3">Avaliação</td></tr>
<tr><td colspan="2">Comentário do auditor:</td><td colspan="3">Ações recomendadas pelo auditado:</td></tr>
<tr><td colspan="5">Lições aprendidas relacionadas ao gerenciamento do projeto:</td></tr>
<tr><td colspan="5">Comentários adicionais:</td></tr>
<tr><td colspan="2" rowspan="2">Relação de anexos:</td><td colspan="3">Apresentado a:</td></tr>
<tr><td colspan="3">Aprovado por:</td></tr>
</table>

Ação corretiva e ação preventiva		
Empresa:		Auditoria nº:
Representante:		Data:
Auditor líder:	Auditor:	Auditor:
Auditado:	Função:	Área/setor:
Objetivo e escopo:		
Descrição da não conformidade:		
Classificação (M, N ou O):	Requisito(s) não atendido(s):	
Pontos fortes:	Pontos fracos:	
Oportunidades de melhorias:	Riscos:	
Solicitação de ação preventiva (SAP nº):	Responsável:	Data:
Justificativa da classificação:		
Solicitação de ação corretiva (SAC nº):	Responsável:	Data:
Pontos fortes:	Pontos fracos:	
Oportunidades de melhorias:	Riscos:	

Os autores

Alexandre Varanda Rocha
Mestre em administração com ênfase em administração e sistemas de informação pela Escola de Administração de Empresas de São Paulo (Eaesp), da Fundação Getulio Vargas (FGV). Graduado em engenharia de produção pelo Coppe da Universidade Federal do Rio de Janeiro (UFRJ). *Master in business strategy and negotiations* pela Copenhagen Business School. Auditor líder certificado. Atuou na Sony Music, Casa da Moeda, Petrobras, Laboratórios Bronstein, Protubo (grupo Ishikawagima), Controles Gráficos Daru, Usiminas, entre outras organizações. Atuou na área da tecnologia da informação da Petrobras. É professor convidado do FGV Management. Autor de livros na área da gestão da qualidade, processos e projetos pela FGV.

Frederico Steiner Costa
Mestre em sistemas de gestão empresarial pela Universidade Federal Fluminense (UFF). *Master in business administration* em gestão da qualidade pela UFF e MBA em gestão estratégica e qualidade pelo Grifo Research Institute. Graduado em administração pela Pontifícia Universidade Católica do Rio de Janeiro (PUC-Rio). É professor convidado do FGV Management. Em sua carreira, passou por companhias como Brahma, Xerox, Senac, SIG Engenharia e

Progressiva Consultoria. Autor de livros, artigos e palestrante nas áreas de qualidade e projetos.

José Francisco Nogueira
Doutor, com ênfase em ética aplicada pela Universidade Gama Filho (UGF). Mestre em gestão organizacional pela Fundação Getulio Vargas (FGV). Pós-graduado em administração pelo Coppead da Universidade Federal do Rio de Janeiro (UFRJ), em marketing pela Escola de Negócios (IAG) da Pontifícia Universidade Católica do Rio de Janeiro (PUC-Rio) e em ciências políticas pelo Instituto Bennett. Graduado em estudos sociais pela Universidade de Mogi das Cruzes (UMC). É professor convidado do FGV Management. Autor de disciplinas *online*, como Gestão da Qualidade Total. Organizador e coautor do livro *Gestão estratégica de serviços*. Atuou na área de marketing da Xerox. Consultor e conferencista para a Riosoft, Petrobras, Serpros, Anima.

Tânia Regina Belmiro
Pós-doutora em engenharia de produção pela Universidade de São Paulo (USP-São Carlos). PhD em engenharia de produção pela Heriot-Watt University (Escócia). Engenheira eletricista pela Universidade Federal de Uberlândia (UFU). PMP certificada pelo PMI. Auditora líder em SGQ. Voluntária do capítulo do PMI de São Paulo. Membro da equipe tradutora do Guia PMBOK 2012 pelo PMI Global. Professora convidada do FGV Management em gestão de projetos. Membro da comissão avaliadora do Simpósio de Administração da Produção, Logística e Operações Internacionais (Simpoi) e do Centro de Estudos em Sustentabilidade (FGV).